Marcel Proust:
Realidade e Criação

Coleção Debates
Dirigida por J. Guinsburg

Equipe de Realização – Edição de texto: Lilian Miyoko Kumai; Revisão: Iracema A. Oliveira; Produção: Ricardo W. Neves, Sergio Kon e Raquel Fernandes Abranches.

vera de
azambuja harvey

MARCEL PROUST: REALIDADE E CRIAÇÃO

Dados Internacionais de Catalogação na Publicação (CIP)
(Câmara Brasileira do Livro, SP, Brasil)

Harvey, Vera de Azambuja
    Marcel Proust : realidade e criação / Vera de Azambuja Harvey. – São Paulo : Perspectiva, 2007. – (Debates ; 310 / dirigida por J. Guinsburg)
    Bibliografia.

    ISBN 978-85-273-0803-8

    1. Proust, Marcel, 1871-1922 – Crítica e interpretação I. Guinsburg, J. II. Título. III. Série.

07-8335   CDD-840.9

Índices para catálogo sistemático:

1. Proust : Literatura francesa : História e crítica   840.9

Direitos reservados à

EDITORA PERSPECTIVA S.A.

Av. Brigadeiro Luís Antônio, 3025
01401-000 São Paulo SP Brasil
Telefax: (11) 3885-8388
www.editoraperspectiva.com.br
2007

A meu pai, Manoel Pires de Azambuja, que me ensinou a amar a beleza e a arte; e a minha mãe, Beatriz Cavalcanti de Azambuja, que me encaminhou para o seu encontro.

*Meus agradecimentos
às minhas filhas, Mary Ann e Monica,
que me ajudaram a realizar este trabalho.*

SUMÁRIO

Introdução 13

1. O Homem e a Obra 15
2. A Poética de Proust 25
3. Proust e o Simbolismo: Uma Nova Maneira de Ver e Interpretar a Realidade 41
4. A Arte dos Reflexos na *Recherche* 53
5. O Encaixe-Reflexo 63
6. O Poder Encantatório da Palavra 93
7. Uma Descoberta de Philippe Kolb: *L'Indifférent* (O Indiferente) 103
8. Proust e o Amor 111
9. A "Ouverture" da *Recherche* 121

Bibliografia 151

INTRODUÇÃO

Há muito tempo venho pensando em publicar os meus trabalhos sobre Marcel Proust.

Entre eles, encontram-se capítulos da minha tese de doutorado na UFRJ, *Refúgios e Reflexos na Esfera da Recherche*; conferências pronunciadas na Maison de France, na UFRJ, no PEN Clube e na Aliança Francesa; um artigo publicado no Suplemento Literário do jornal *O Estado de S. Paulo*; e uma biografia redigida para um programa de divulgação literária da rádio Ministério da Educação.

Apesar de os temas serem diferentes, há algumas repetições, inevitáveis quando se trata de citar textos capitais do romance proustiano.

Meu objetivo, com esta publicação, é divulgar, em português, uma obra ímpar na literatura do início do século XX e mostrar os mecanismos que promovem a sua originalidade.

Proust nos ensina a ver as coisas, a olhar o mundo com os seus olhos e com os de todos os grandes artistas, pois, assim, aprendemos a penetrar em nós mesmos, crescendo e renovando-nos.

Para facilitar a leitura, resumi o título *A la recherche du temps perdu* (Em Busca do Tempo Perdido) em *Recherche* que, para mim, soa melhor que *Busca*, e utilizei as citações da segunda edição de *Em Busca do Tempo Perdido* da editora Globo. Escolhi essa versão, embora haja outra mais recente, de Luiz Alberto Py, porque trabalhei com ela em cursos, ministrados aos alunos de literatura da faculdade de letras da UFRJ. Na verdade, em outros trabalhos, todas as minhas citações estavam em francês e levei muito tempo para encontrar as traduções correspondentes na edição em português. Quanto ao texto em francês, refiro-me sempre à edição da Bibliothèque de la Pléiade, da Gallimard, em três volumes, de 1956.

Quanto à "Ouverture" da *Recherche*, que faz parte da minha tese de doutorado, apresentei a análise do texto em francês, pois era impossível apontar as sonoridades, os encaixes de palavras e sílabas que não na língua original. No entanto, cito a tradução em português da mesma forma que faço com os outros textos. Também uso *aubépines* (espinheiros) e *madeleine* (bolinho) do texto original por serem mais sonoros e conhecidos*.

Espero que meu entusiasmo por Proust contagie os leitores, levando-os a saborear, na fonte, a magia de sua criação.

---

* Preferi "espinheiros" para traduzir *aubépines*, porque a palavra empregada por Mario Quintana, na sua tradução de *No Caminho de Swann*, "pilriteiros", embora correta, não soa bem. Proust usa, também, no texto original, *épine* e *épinier*, para a mesma flor.

1. O HOMEM E A OBRA

*...os verdadeiros paraísos
são os que perdemos*[1].

Marcel Proust, autor de *Em Busca do Tempo Perdido*, é um dos romancistas mais originais e admirados do século XX, não somente na França, mas no mundo inteiro.

Nasceu em Paris, a 10 de julho de 1871, e morreu, também em Paris, a 18 de novembro de 1922.

Seu pai, o médico higienista Adrien Proust, e sua mãe, Jeanne Weil, eram pessoas cultas e de posses, o que lhe permitiu dedicar-se inteiramente à literatura. Fez excelentes estudos, tendo obtido uma licenciatura em letras, e freqüentado a Escola de Ciências Políticas e a faculdade de direito, mas a asma, que o afligia desde os nove anos de

---

1. M. Proust, *O Tempo Redescoberto*, p. 123; *A la recherche du temps perdu*, v. III, p. 870. Daqui em diante, este último título será abreviado por RTP.

idade, impediu que seguisse a carreira desejada por seus pais e para a qual, aliás, não sentia vocação: a diplomacia.

Já, desde jovem, acreditava que tudo o que não se referisse à filosofia e à literatura era tempo perdido.

Livre para satisfazer os seus gostos, dedicou-se à leitura, aos estudos de filosofia, tendo seguido os cursos de Bergson, e à vida social. Freqüentou os salões literários e aristocráticos da Paris da virada do século e participou das atividades sociais da época, como os passeios no Bois de Boulogne, os jogos de tênis com as *jeunes filles en fleurs* (as mocinhas em flor), as temporadas nas praias de Trouville e Cabourg e as recepções, principalmente, da aristocracia. Foi ali que colheu, por suas observações, o material para o romance que escreveria e do qual um dos aspectos mais importantes é a pintura da sociedade francesa por volta de 1900.

Proust mostrou-se, desde a infância, de uma extrema sensibilidade. E ele mesmo aponta a importância desse tipo de temperamento para um artista, atribuindo a seguinte observação a um psiquiatra famoso: "a família magnífica e lamentável dos nervosos que é o sal da terra [...]. Foram eles e não outros que fundaram as religiões e compuseram as obras-primas. Jamais o mundo saberá quanto lhes deve e, principalmente, quanto sofreram para lhe dar o que deram"[2].

Em 1896, Proust anunciou seu primeiro livro, *Les plaisirs et les jours* (Os Prazeres e os Dias), contos ao gosto da época, envoltos numa atmosfera de poesia simbolista, em que já se podem encontrar alguns elementos que desenvolveria no romance *Em Busca do Tempo Perdido*. Destacam-se ali a sensibilidade poética, os sofrimentos pelo amor e também o tema da homossexualidade.

Les plaisirs et les jours prefigurava, embora vagamente, o que seria o futuro romance, pois: "os grandes literatos jamais escreveram senão uma obra única, ou por outra,

---

2. Idem, *O Caminho de Guermantes*, p. 237; RTP, v. II, p. 305.

nunca fizeram senão retratar através de meios diversos uma mesma beleza que trazem ao mundo"[3].

E isso é principalmente verdade quanto a ele. Tudo o que escreveu antes da *Recherche* não passa de esboços, rascunhos, teorias que desenvolveria mais tarde, em seu livro. Escreveu um romance que não publicou (isso foi feito somente em 1952), *Jean Santeuil*, que é um esboço da *Recherche*.

Depois de *Jean Santeuil*, começou a escrever *Contre Sainte-Beuve*, onde expôs suas teorias literárias e do qual partiria como introdução à *Recherche*. Enquanto fazia crítica literária, Proust foi elaborando a sua estética, estabelecendo os grandes problemas relativos à criação: o papel do escritor, o papel da arte, o estilo, a matéria da obra de arte. Essas teorias seriam desenvolvidas na última parte da *Recherche*, *O Tempo Redescoberto*, que contém a sua concepção sobre a arte. Entretanto, em toda a obra, há considerações sobre a arte e os artistas. Proust considera que o verdadeiro artista é aquele que consegue dar-nos sua visão, sua interpretação da realidade. "A grandeza da arte consiste em fazer-nos tornar a encontrar aquela realidade da qual nos afastamos cada vez mais devido aos hábitos, preconceitos, convenções, aquela realidade que, talvez, sem a arte não conhecêssemos nunca e que é a nossa vida"[4]. O papel do escritor consiste em traduzir a realidade oculta sob as aparências. O livro ajuda-nos a nos conhecer melhor. O artista deve expressar as impressões profundas que a vida desperta nele, mas não chegará à profundidade por meio da inteligência e sim pela intuição. É dela que vem o poder, que tem o artista, de recriar a realidade, de tornar claro o que estava obscuro. Para julgar uma obra de arte, segundo Proust, é preciso ver se ela revela o eu profundo do artista, se apresenta a sua visão original do mundo traduzida por meio do estilo, na literatura; das cores, na pintura; da melodia, na música.

---

3. Idem, *A Prisioneira*, p. 322-323; idem, v. III, p. 376.
4. Idem, *O Tempo Redescoberto*, p. 142; idem, p. 895.

Proust não se prende a nenhuma escola; surgiu num período de transição, após o naturalismo, tendo contribuído para a renovação do romance na virada do século. Afasta-se totalmente da corrente realista e naturalista, influenciada pelo positivismo e seguida pelos seus contemporâneos, para aliar-se ao movimento espiritualista que, desde Baudelaire, crescera na poesia, desembocando no simbolismo.

Embora nunca tenha admitido a influência de Bergson, tem, com ele, afinidades, como seu modo de encarar a realidade (tudo é relativo, depende das circunstâncias) e sua crença na intuição.

Mas foi, principalmente, com o escritor e crítico de arte inglês Ruskin que contraiu uma grande dívida, pois, ao ler os seus livros, dos quais traduziu *The Bible of Amiens* e *Sesame and the Lilies*, aprendeu a ver e, essencialmente, a descrever. Deve-lhe o amor pela arquitetura e muito do seu estilo.

Em Busca do Tempo Perdido constitui-se de sete livros, publicados de 1913 a 1926; o último, após a morte do autor:

- *Du côté de chez Swann* (*No Caminho de Swann*)
- *A l'ombre des jeunes filles en fleurs* (*À Sombra das Raparigas em Flor*)
- *Du côté de Guermantes* (*O Caminho de Guermantes*)
- *Sodome et Gomorrhe* (*Sodoma e Gomorra*)
- *La prisonnière* (*A Prisioneira*)
- *La fugitive* (*A Fugitiva*)
- *Le temps retrouvé* (*O Tempo Redescoberto*)

A tradução dos títulos corresponde à edição brasileira do romance traduzido para o português por Mário Quintana (quatro primeiros livros), Manoel Bandeira (*A Prisioneira*), Carlos Drummond de Andrade (*A Fugitiva*) e Lucia Miguel Pereira (*O Tempo Redescoberto*) e editado no Brasil pela editora Globo (2ª edição).

A primeira intenção de Proust foi escrever *No Caminho de Swann*, *O Caminho de Guermantes* e *O Tempo*

Redescoberto. A expressão *Du côté de* traduzida por "no caminho de" é uma alusão à época feliz da infância do narrador, quando passava férias em Combray, na casa de uma tia-avó e passeava, sozinho ou com seus pais, para um lado ou para outro dos arredores da cidade. Por extensão, Swann representa o mundo dos artistas e a burguesia, e, Guermantes, o da aristocracia.

O menino, ao ouvir o nome dos Guermantes, sonhava com aquele mundo aristocrático que não conhecia, pois era burguês. Contudo, mais tarde, passaria a freqüentá-lo e se decepcionaria. No final do romance, os dois caminhos se encontram no sentido próprio e no figurado.

Na *Recherche*, não há um só tema, mas vários que se entrelaçam como numa sinfonia. É a aventura do narrador-herói à procura do seu eu profundo, por entre as aparências de uma vida frívola nos salões e nos lugares da moda da sociedade francesa por volta de 1900.

À medida que ele muda no tempo, também muda em relação à vida, e o mundo muda ao seu redor. À primeira vista, poder-se-ia pensar que Proust quis fazer o retrato de uma sociedade, criar um mundo como Balzac, mas a sua ambição era maior.

Proust, certamente porque era doente e muitas vezes não podia sair, desenvolveu, a um alto grau, a sua imaginação. Influenciado pelas teorias simbolistas, queria captar a realidade profunda, a essência das coisas, e recriar essa realidade por meio da imaginação, da intuição e da sensibilidade. Diz na introdução do seu livro, *Les plaisirs et les jours*, que compreendeu que jamais Noé pôde ver tão bem o mundo como quando estava na arca, embora esta estivesse fechada e a terra imersa na escuridão.

Segundo sua concepção pessimista da vida, Proust vê o mundo dominado pelo tempo, que transforma os homens a cada dia.

O homem não é nunca o mesmo, a cada instante uma parte dele morre e ele se torna outro. Seus sentimentos

19

mudam e o mundo muda, porque ele o vê com outros olhos. Desagrega-se pouco a pouco e, aparentemente, não há nenhuma ligação entre o eu que foi e o que é. A mulher que amou, e por quem sofreu tanto, passa a ser, ao cabo de algum tempo, quase uma desconhecida para ele, como acontece com Swann em relação à Odette, no romance. O jardim que o narrador considerava, na infância, como um paraíso, perde os seus encantos quando ele o contempla com seus olhos de homem; enfim, o mundo e a própria vida perdem o sentido que tinham outrora.

Para Proust, a desagregação do eu é uma morte contínua, e a verdadeira morte é aquela dos vivos que passam, isto é, mudam, e sabem disso. Seu problema, portanto, era procurar um modo de encontrar esse eu desaparecido no tempo e que estava perdido. Toda a obra de Proust se faz em torno dessa busca do eu perdido. *Em Busca do Tempo Perdido* é um esforço para ressuscitar o homem do passado e estabelecer entre ele e o homem do presente um elo sólido que é o eu profundo.

Há, no romance, momentos de recuperação do passado, do eu perdido, por meio do fenômeno da memória involuntária, isto é, uma sensação sempre imprevista e espontânea, que se liga à outra do mesmo tipo num momento de plenitude em que se sentiu a vida com toda a sua intensidade. Essa sensação tem a capacidade de recriar o passado de forma mais intensa do que a memória voluntária, a da inteligência. Num momento privilegiado, quer comendo um bolinho (*madeleine*) com chá de tília, quer encostando nos lábios um guardanapo engomado ou batendo com a colher no pires, ou ainda pela magia da pequena frase musical da *Sonata de Vinteuil*, o narrador, ou Swann, tem o poder de dominar o tempo, de mergulhar nele para captar um passado que acreditava morto:

> Mas que um som já ouvido, um odor outrora aspirado o sejam de novo, tanto no presente como no passado, reais sem serem atuais, ideais sem serem abstratos, logo se libera a essência per-

manente das coisas ordinariamente escondidas e nosso verdadeiro eu, que parecia morto, por vezes havia muito, desperta, anima-se ao receber o celeste alimento que lhe trazem. Um minuto livre da ordem do tempo recriou em nós, para o podermos sentir, o homem livre da ordem do tempo. E é compreensível que este, na sua alegria, seja confiante apesar do simples gosto de um bolinho não parecer logicamente encerrar as causas de tal alegria, é compreensível que a palavra "morte" perca para ele a significação. Situado fora do tempo, que poderá temer do porvir[5].

É sobretudo às lembranças da infância que o narrador se apega mais, pois a criança é mais espontânea e as suas impressões são frescas e puras. Mas as lembranças desse tipo não dependem da vontade. Não se pode provocá-las. Era preciso recorrer a um outro meio para atingir o tempo puro. Esse meio, Proust encontrou-o na arte. Pela arte, o homem pode escapar ao tempo e à morte, pela arte poderá fixar esses momentos do tempo puro e alcançar a essência das coisas, pois a obra de arte permite o acesso à pureza e à eternidade.

É também por meio da arte que o homem pode salvar-se. Por sua mensagem à humanidade, que é a obra de arte, o artista se redime de toda a sua vida, dos seus erros e dos seus vícios.

Os crentes põem sua fé em Deus, mas Proust não era crente. Para ele só havia uma salvação: a arte. E pode-se dizer dele o que disse do escritor Bergotte:

> Enterraram-no, mas durante toda a noite fúnebre, nas vitrinas iluminadas, os seus livros dispostos três a três, velavam como anjos de asas espalmadas e pareciam, para aquele que já não existia, o símbolo da sua ressurreição[6].

O tema do romance resume-se na antítese da busca e do encontro.

A busca, narrada em seis livros, de *No Caminho de Swann* até *A Fugitiva*, inclusive, mostra a vida do herói pelos

---

5. Idem, *O Tempo Redescoberto*, p. 125; idem, p. 872-873.
6. Idem, *A Prisioneira*, p. 159; idem, p. 188.

caminhos ilusórios do amor, do mundanismo, do esnobismo, que só lhe trazem decepções, pois ele não encontra, na realidade, as imagens que a sua imaginação projetara. Mas entre as duas etapas, o sofrimento serve de ponte, pois é ele que o prepara para a criação. A vida no mundo, o sofrimento pelo amor, dão-lhe o material necessário à sua obra. É por meio de sua vida, no mundo, que consegue fazer a pintura da sociedade a qual chama de *les mémoires de Saint-Simon d'une autre époque* e onde aponta a decadência das pessoas que só vivem de aparências, cujo eu social é uma negação do eu profundo. Fingem viver, mas só agem em função dos outros, como fazem Oriane, Odette de Crécy, Charlus, Swann e a maioria das pessoas, com exceção dos artistas. O amor correspondido e feliz não existe. Na concepção de Proust, o homem está condenado à solidão, pois não há possibilidade de comunicação entre os seres. O amor é produto da imaginação. O fenômeno da cristalização, de que fala Stendhal, é observado em todos os amores do romance; transfigura Odette para Swann, Rachel para Saint-Loup, Albertine para o narrador. Como o ciúme provoca o amor, o tempo o destrói. Mas o amor é um agente do sofrimento, fazendo com que o verdadeiro artista possa, então, mergulhar dentro de si mesmo. Isso acontece com o narrador, mas não com Swann, que não consegue transformar o sofrimento em fonte de inspiração.

Se Swann recusa o apelo da arte, o narrador, ao contrário, o aceita renunciando, em nome dela, à sociedade, ao amor, à vida enfim.

E *O Tempo Redescoberto* representa, portanto, o encontro do verdadeiro caminho. A partir da reunião em casa da princesa de Guermantes, que marca o último episódio da história, há uma inversão de valores. O narrador, ao descobrir o segredo da memória involuntária, convencido de que a arte é o único meio de recuperar o tempo perdido, decide-se por renunciar ao mundo para, na solidão, escrever o seu livro. O romance é, pois, a narrativa da formação de um escritor e da gênese de um livro.

Mas o leitor, ao concluir a leitura, observa que o romance que o narrador vai escrever já foi escrito, devendo então voltar atrás para relê-lo, pois nessa segunda leitura terá um prazer redobrado: perceberá os indícios que marcam o itinerário do narrador, o jogo da metalinguagem, enfim, os recursos que fazem a originalidade deste romance.

2. A POÉTICA DE PROUST

Isso a que se chama posteridade é a posteridade da obra...Cumpre pois que o artista – e assim o fizera Vinteuil – se quiser que sua obra possa prosseguir o seu caminho, a lance em pleno e remoto futuro[1].

Um dos pontos mais importantes da *Recherche*, que lhe dá um caráter inteiramente original do ponto de vista da estrutura, é o fato de que ela encerra ao mesmo tempo uma poética e a aplicação desta poética.

A primeira leitura da obra pode dar, quase até o final, a impressao apenas da história de uma existência. No entanto, ao chegarmos ao *Tempo Redescoberto*, onde se encontram, em maior número, as reflexões de Proust sobre a arte, o estilo, o papel do escritor e da obra de arte e, enfim, suas intenções de escrever uma obra marcada pelo selo do Tempo,

---

1. M. Proust, *À Sombra das Raparigas em Flor*, p. 82; RTP, v. I, p. 532.

verificaremos que toda a obra foi baseada nesses princípios e teremos que lê-la de novo, não mais como uma história, mas como um processo artístico em que nada é involuntário e sim arranjado, tendo em vista um objetivo final: a negação do tempo, a vitória da obra de arte sobre o tempo.

Enfim, o narrador encontra o objeto de sua busca e percebe que seu tempo não foi perdido nem nos salões da alta sociedade, nem no sofrimento do amor, nem nas horas que passou lendo e meditando em seu quarto, pois as emoções que experimentou, as observações e reflexões que realizou, serviram à obra: a vida mundana, para o retrato da sociedade no começo do século XX; as experiências do amor, para a análise da natureza humana; e as leituras, para a elaboração de uma poética que seria a base sobre a qual se assenta a *Recherche*.

Em 1896 publica *Les plaisirs et les jours*, obra de tendências simbolistas composta por contos que se desenrolam numa atmosfera vaga e imprecisa, mas que já contém os germes da *Recherche*. Seu estilo, como diz Jean Mouton, é uma reminiscência dos autores do século XIX que costumava ler e de quem apreendera o traço característico, como Flaubert e Chateaubriand[2].

Reconhecendo sua tendência para assimilar o estilo dos autores que lê, Proust resolve libertar-se de uma vez dessas influências por meio de *Pastiches et mélanges*, apresentando o *Affaire Lemoine* à maneira de vários escritores como Balzac, Flaubert, Renan e outros, e na própria *Recherche* utiliza o pastiche dos Goncourt, descrevendo o salão dos Verdurin e acrescentando, com um ponto de vista diferente, uma nova dimensão ao quadro.

De 1896 a 1904, Proust tentou escrever um romance que não publicou, *Jean Santeuil*, que, embora na terceira pessoa, era muito calcado na biografia do autor, sem a transposição, a profundidade e a unidade que ele conseguiria na *Recherche*. Podemos considerar suas obras anteriores, seus ensaios de crítica, seus prefácios e comentários às obras de

---

2. J. Mouton, *Le style de Proust*, p. 37.

Ruskin, seus pastiches e, enfim, *Contre Sainte-Beuve*, como elementos que o ajudaram a escrever seu romance.

Em 1908, tendo já desistido de publicar *Jean Santeuil*, ele ainda não começara a redigir a *Recherche*, quando pensou em escrever um artigo sobre Sainte-Beuve, que foi mais um pretexto para ele analisar todo o século XIX e, por meio da crítica de outros romancistas, chegar a conceber o modelo do escritor ideal.

Contre Sainte-Beuve é o primeiro esboço da *Recherche*. A primeira versão compreendia, como prefácio, a narração do despertar do narrador pela manhã, da chegada de sua mãe a seu quarto, com quem ele começaria a discutir sobre o artigo que pretendia fazer sobre o crítico. Seguia-se a parte da crítica de Sainte-Beuve e seus principais contemporâneos, entre os quais, Balzac.

Por Balzac e seus leitores ele chegava aos Guermantes, cuja evocação formava uma terceira parte.

Mas aconteceu que o prefácio tornou-se longo demais e transformou-se em *No Caminho de Swann*; a terceira parte, *O Caminho de Guermantes* e *Sainte-Beuve*, que era o pretexto que ele esboçou, foi desenvolvida em certos trechos da obra e sobretudo no *Tempo Redescoberto*. No projeto do prefácio escreveu:

> Parece-me que teria assim algo a dizer sobre Sainte-Beuve e logo muito mais em relação a ele do que sobre ele, coisas que têm talvez sua importância quando, mostrando em que ele pecou na minha opinião como escritor e como crítico, eu chegaria talvez a dizer sobre o que deve ser o crítico e sobre o que é a arte algumas coisas em que já pensei muito. De passagem e, em relação a ele, como ele o fez muitas vezes, eu o tomaria como oportunidade para falar de certas formas da vida, eu poderia dizer algumas palavras de alguns de seus contemporâneos, sobre os quais também tenho minha opinião. E, depois de ter criticado os outros e abandonado Sainte-Beuve completamente, eu tentaria dizer o que teria sido para mim a arte se [...][3].

---

3. M. Proust, *Contre Sainte-Beuve précédé de Pastiches et mélanges et suivi de Essais et articles et Nouveaux mélanges*, p. 219.

Assim, falando de Taine, que considera Sainte-Beuve como um iniciador de um novo método, ele diz que em arte não há iniciadores nem precursores. Cada indivíduo recomeça, por sua conta, a tentativa artística ou literária e as obras de seus predecessores não lhe servem para nada, ao contrário da ciência em que cada um aproveita as experiências precedentes.

Para ele, um escritor de talento hoje em dia tem de fazer tudo, não está mais adiantado que Homero. E realmente isto pode ser dito dos grandes artistas como ele próprio, Proust, que, partindo de uma estética simbolista que se reflete em *Les plaisirs et les jours*, evoluiu, criando um romance em que a forma sólida, a composição rigorosa e o estilo que a completa foram muito além do decadentismo e do simbolismo, inaugurando uma nova concepção do romance. Também o método de Sainte-Beuve, tão admirado por Taine e Bourget, que consiste em não separar o homem da obra, é condenado por Proust, pois, para ele, "um livro é produto de um eu diferente daquele que mostramos na vida social, manifestamos em nossos hábitos, na sociedade, em nossos vícios". Este eu encontra-se no íntimo de nós mesmos "na solidão, fazendo calar as palavras que pertencem tanto aos outros quanto a nós e com as quais, mesmo sozinhos, julgamos as coisas sem sermos nós mesmos, nós nos colocamos diante de nós mesmos, tentamos ouvir o som verdadeiro de nosso coração e não da conversação". "O que se dá ao público é o que se escreve sozinho para si mesmo, é bem a obra de si mesmo", diz ele.

Assim, para julgar a obra de arte, é preciso saber se ela revela o eu profundo do artista, se ela apresenta sua visão original traduzida pelo estilo, pelas cores ou pela melodia, na literatura, na pintura e na música. Por isso Proust, contrariando Sainte-Beuve, dá pouca importância à biografia dos escritores. Sainte-Beuve, que dava à crítica o papel de apontar seus grandes contemporâneos, não compreendeu os escritores de talento como Stendhal, Nerval, Flaubert, e chegou a compará-los, desfavoravelmente a eles, com os escritores medíocres que considerava maravilhosos e cujos nomes, hoje em dia, nem conhecemos.

Também Proust, ao examinar a obra de Nerval, Baudelaire, Balzac, tentou tirar conclusões sobre a arte, o papel do artista e o método a ser usado pelo crítico.

Embora critique o estilo de Balzac, que, segundo ele, não sugere, não reflete, mas explica, aprecia a idéia de Balzac de conservar os mesmos personagens de um romance para outro, conseguindo a unidade da obra por meio das relações entre seus personagens que são mostrados em diversas épocas da vida, mudando sempre, segundo o tempo e as circunstâncias. Ele adotaria o mesmo processo na *Recherche*, assim como a maneira característica de falar de certos personagens, que Proust aperfeiçoou em seu livro, fazendo da linguagem um reflexo da personalidade.

Odette, esnobe, usa termos ingleses; Saniette, tímido, fala como se tivesse um pirão na boca, pois não ousa pronunciar um som mais áspero; os Guermantes põem entre aspas, ou melhor, dão uma entonação irônica, às palavras mais profundas que se vêem forçados a usar.

Proust admira a ousadia de Balzac, que introduz na literatura um tema bastante delicado, o da inversão sexual, e chama o trecho em que Vautrin, acompanhado por Lucien, passa diante da casa de Rastignac, nas *Ilusões Perdidas*, de "Tristeza de Olímpio" da pederastia, aludindo ao famoso poema de Victor Hugo, "Tristesse d'Olympio", que trata da saudade de amores passados.

Na *Recherche*, é Charlus que comenta essa comparação com os *habitués* do salão dos Verdurin no trenzinho indo para La Raspelière, atribuindo a frase a Swann[4].

Proust diz que Balzac, ao pintar a realidade, dá um valor literário a coisas da vida demasiado contingentes. Assim, os leitores de seus romances, encontrando-se em situações semelhantes às descritas por ele, têm uma sensação agradável, pois sabem que participam de uma situação

---

4. Idem, *Sodoma e Gomorra*, p. 354; RTP, v. II, p. 1050.

literária. Também na *Recherche*, Swann fica feliz quando consegue valorizar uma situação ou uma pessoa, comparando-a a uma obra de arte. Odette adquire a beleza que não tinha aos olhos de Swann quando este descobre a sua semelhança com uma personagem de Botticelli. E há muitos outros exemplos disso.

Proust aprendeu tanto com Sainte-Beuve quanto com Ruskin. Os dois mostraram-lhe duas coisas perigosas: deixar-se seduzir, como Ruskin, pela representação do real, esquecendo-se da natureza que a motiva e, como Sainte-Beuve, considerar que a verdade está na história e a arte na inteligência. Na *Recherche*, as idéias de Sainte-Beuve são representadas pela senhora de Villeparisis e, as de Ruskin, por Swann e Charlus, que se contentam com a contemplação, não chegando a criar.

Entretanto, o encontro com a obra de Ruskin, em 1897, foi de extraordinária importância para Proust, pois Ruskin ensinou-lhe a ver a realidade e a descrevê-la, deu-lhe o gosto pelas nuances, a arte de anotar as emoções mais sutis e o sensualismo na descrição das cores e das formas.

Mostrou-lhe também a importância da arquitetura e da pintura, incitou-o a visitar as antigas catedrais góticas como Amiens, Rouen, Chartres, e a conhecer Veneza. Proust também aprendeu, com Ruskin, o amor pelas coisas antigas, pela natureza, e a noção de que para o artista só a arte importa; ela não é objeto de prazer, mas uma realidade mais importante que a vida. De grande importância é a marca que o estilo de Ruskin deixou no de Proust.

Nos prefácios às obras de Ruskin que traduziu, *La Bible d'Amiens* e *Sésame et les Lys*, fala sobretudo de estilo, concordando ou não com Ruskin, mas formando sua própria concepção do estilo.

Nos artigos, publicados postumamente junto com *Contre Sainte-Beuve*, em 1954, sobre Saint-Saëns, Stendhal, Dostoiévski, Tolstói, Monet, ele faz reflexões sobre a arte e os artistas que seriam depois introduzidas na *Recherche* e que nos servem de instrumento para o estudo de sua própria obra.

Comparando esses artistas, ele chega a conclusões sobre critérios de crítica que aplicaria mais tarde e sobre o fato de que os grandes escritores repetem sempre o mesmo livro. Dá muita importância às repetições, como se só elas contivessem o segredo do gênio. As repetições de um escritor nos dizem mais sobre ele mesmo, do que tudo o que ele nos diz. Cita personagens de Balzac que se repetem, cenas de Tolstói, Stendhal, Flaubert, Barbey d'Aurevilly que adquirem um tom de obsessão.

Na *Recherche*, ele retoma a mesma idéia, atribuindo esses comentários ao narrador numa conversa com Albertine[5].

Para a obra de Proust, esta observação é muito válida, pois é pela repetição de cenas semelhantes, de momentos especiais, de impressões indefiníveis, de situações idênticas, que ele chega às leis gerais que quer demonstrar e que conferem unidade à *Recherche*. Vejamos, por exemplo, os momentos de emoção diante da natureza ou de obras de arte que parecem querer dizer-lhe um segredo que ele não consegue desvendar, as várias experiências da memória involuntária, a mesma curva descrita pelo amor em relação à Swann e Odette e à Marcel e Albertine. Os mesmos elementos que provocam o amor e que o fazem cessar, se repetem nas duas situações, o mesmo esnobismo e vaidade de casta se encontram entre os parentes burgueses do narrador, no meio dos Guermantes e também entre os criados, pois o código social de Françoise, a empregada, é tão rigoroso como o de seus patrões ou o dos nobres vizinhos.

A futilidade, o egoísmo, a afetação são atributos comuns a todos os seres do mundo do narrador. A mulher que toma conta do *toilette* nos Champs Elysées é tão exigente na escolha de seus freqüentadores quanto Oriane, ou a senhora Verdurin, ao organizarem suas recepções.

---

5. Idem, *A Prisioneira*, p. 322; idem, v. III, p. 376-379.

Outra lei que Proust quer mostrar é a de que a realidade é subjetiva e depende do ponto de vista de como é encarada. Os seres e as coisas mudam conforme a pessoa que os vê. Rachel, para Saint-Loup, é uma figura inteiramente oposta à impressão que o narrador tem dela; o salão dos Verdurin visto por Swann, apaixonado por Odette e bem recebido no "pequeno núcleo", difere inteiramente do quadro severo e cruel que ele faz do mesmo, quando, inseguro do amor de Odette, sente-se também repelido pelos antigos anfitriões. Enfim, Combray, vista pelo narrador-menino, difere da que é vista, depois, pelos olhos já desiludidos do homem maduro.

Assim, a crítica, para Proust, serviu de inspiração, de ensejo, para que ele começasse a escrever o seu romance, e também de instrumento para guiá-lo e informá-lo durante sua elaboração.

Para nós, seus leitores, ela é preciosa porque nos dá a própria chave do universo proustiano.

Também é importante mencionar, segundo suas obras de crítica, entre as quais podemos considerar também o *Tempo Redescoberto*, que é como um resumo de suas reflexões, a concepção que Proust tem da poética, do papel do escritor de talento, da matéria da obra de arte e do estilo.

O método crítico de Proust, como já foi mencionado, consiste em anotar as repetições, pois do choque de duas situações idênticas pode surgir a verdade. Essas repetições nos fazem penetrar no universo pessoal do artista, que é a obra, pois, para Proust, "não é o real mas as leis do real que a arte nos dá". A grandeza da arte consiste em nos fazer conhecer a verdadeira realidade da qual nos afastamos todos os dias por causa dos hábitos e das convenções, essa realidade que sem a arte nós nunca encontraríamos, talvez, e que é a nossa vida.

Para Proust, a verdadeira vida, a vida descoberta, esclarecida, é a literatura, a única vida realmente vivida, a nossa e a dos outros.

O artista consegue nos transmitir sua visão da vida por meio do estilo, pois para escrever esse livro essencial, o único livro verdadeiro, um grande escritor não precisa inventá-lo propriamente, pois ele já existe dentro de cada um de nós, mas sim traduzi-lo: "o dever e a tarefa do escritor são os do tradutor"[6].

O estilo para o escritor, como a cor para o pintor, é um problema não de técnica, mas de visão[7]. Por meio das imagens, o escritor revela-nos o que não poderia fazer por meios objetivos e diretos. Ele nos envolve numa atmosfera poética em que se estabelece uma relação de simpatia entre o leitor e o autor, pela qual nós nos identificamos com as ações e as emoções do livro, fazendo-as nossas. O escritor desencadeia em nós, durante uma hora, todas as felicidades e todas as desgraças possíveis, algumas das quais nós levaríamos, na nossa vida, anos para conhecer e outras que nunca nos seriam reveladas.

Num ensaio, "Le pouvoir du romancier", Proust diz:

> Nós estamos diante do romancista como escravos diante do imperador. Com uma palavra ele pode dar-nos a liberdade. Ele faz-nos conhecer todas as condições, as situações e os sentimentos. Por causa dele nós somos o verdadeiro Proteu que reveste sucessivamente todas as formas da vida[8].

Cada leitor é, quando lê, o próprio leitor de si mesmo. O livro é apenas um instrumento de ótica que o escritor oferece ao leitor para permitir-lhe ver o que talvez, sem ele, nunca teria visto[9] (por isso é inútil procurar as chaves dos personagens e dos acontecimentos, saber quem Proust quis retratar em Swann, Charlus, Odette, a que sonata se refere quando descreve a *Sonata de Vinteuil*, pois o que importa são os personagens de Swann ou de Vinteuil ou de Charlus como tipos humanos em si e a peça musical que ouvimos

---

6. Idem, *O Tempo Redescoberto*, p. 138; idem, p. 890.
7. Idem, p. 142; idem, p. 895.
8. Idem, *Contre Sainte-Beuve*, p. 413-414.
9. Idem, *O Tempo Redescoberto*, p. 153; RTP, v. III, p. 911.

com a emoção que o artista conseguiu nos transmitir). Proust nos ensina a ver melhor, a sentir melhor a natureza, os seres e a arte. O reconhecimento em si mesmo do que diz o livro é a prova da verdade deste e vice-versa.

O artista procura a essência das coisas, quer penetrar além das aparências e, para traduzir esta realidade, afasta as palavras que não são ditadas pelo seu próprio eu.

Na *Recherche*, as impressões fugitivas que experimenta o narrador diante das *aubépines*, dos lilases, dos campanários de Martinville, das árvores de Hudimesnil, lhe dão, ao mesmo tempo, prazer e angústia, pois ele ainda não consegue perceber o segredo que eles querem revelar-lhe e que só mais tarde descobrirá.

Não é pela inteligência que se chega à profundidade, mas pela intuição. A intuição é o meio pelo qual Proust chega ao conhecimento e nisso ele se aparenta a Bergson.

Proust encara a realidade de uma forma inteiramente subjetiva, opondo-se ao realismo dizendo: "Convencera-me de que só uma percepção grosseira e viciada e errônea coloca tudo no objeto quando tudo está no espírito"[10].

Por isso a matéria da obra não é importante. O que importa é a maneira como o artista a vê e, assim, uma natureza morta de Chardin, feita de objetos prosaicos de cozinha, pode nos tocar como sendo de grande beleza.

A arte realista, para ele, é falsa, pois cada um vê a realidade com olhos diferentes. O narrador vê a ajudante de cozinha como um quadro de Giotto e o tanque do Vivonne como um lago maravilhoso; Swann chegou a achar bonita, por estar apaixonado por ela, a mesma Odette que não fazia seu tipo.

Proust é contra a tendência da literatura, após o Affaire Dreyfus e durante a guerra de 1914, de fazer o artista sair de sua torre de marfim, não para tratar de assuntos frívolos e sentimentais, mas pintar grandes movimentos ou feitos históricos: "os livros verdadeiros, [diz ele],

---

10. Idem, p. 154; idem, p. 912.

se geram não na diurna luz e nas palestras, mas no escuro e no silêncio"[11].

Alguns acham que podem deixar de lado o estilo em proveito do conteúdo intelectual, das idéias, e sentem-se tentados grosseiramente a escrever obras intelectuais. Para ele, o fundo e a forma são inseparáveis e a beleza da forma é um sinal de que o pensamento se eleva.

No final do *Tempo Redescoberto*, quando, de repente, tudo se esclarece para o narrador, este diz: "Ora a recriação pela memória das impressões que depois seria mister aprofundar, esclarecer, transformar em equivalentes espirituais, não seria uma das condições, quase a própria essência da obra de arte tal como há pouco a concebera na biblioteca?"[12].

O dever do artista refere-se apenas à obra. Assim, nada deve impedi-lo de dedicar-lhe todos os seus momentos.

Na *Recherche*, vemos o narrador trocar os prazeres do mundo pelo quarto onde recria esse mundo, enquanto Swann e Charlus contentam-se com o diletantismo, sem coragem para desenvolver seus próprios dons de criação.

Só a impressão, por mais frágil que seja, diz Proust, é um critério de verdade. Ela se apresenta ao artista com um caráter de necessidade, impõe-se a ele. Então ele sente-se tomado de entusiasmo, pois essa impressão que ele tentará aprofundar vai mostrar-lhe a realidade. Esse entusiasmo é a inspiração.

Para julgar uma obra de arte, segundo Proust, é preciso ver se ela revela o eu profundo do artista, se traz sua visão original traduzida pelo estilo, pelas cores e pela melodia.

O romancista, para pintar o seu mundo, utiliza o estilo.

Podem-se alinhar indefinidamente, numa narrativa, os objetos pertencentes ao sítio descrito, mas a verdade só surgirá quando o escritor tomar dois objetos diversos, estabelecer a relação entre eles, análoga no mundo da arte à relação, única entre causa e efeito

---

11. Idem, p. 144; idem, p. 898.
12. Idem, p. 249; idem, p. 1044.

no da ciência, e os enfeixar nos indispensáveis anéis de um belo estilo, ou quando, como a vida, por meio de uma qualidade comum a duas sensações, lhe extrair a essência, confundindo-as, para as subtrair às contingências do tempo, numa metáfora[13].

Essa metáfora deve ser sempre uma criação nova e completa, tendo um caráter de necessidade. Através da metáfora o escritor esclarece uma realidade por meio de outras.

Quando o narrador, em *À Sombra das Raparigas em Flor*, visita o ateliê de Elstir e contempla seus quadros, suas observações nos revelam a própria essência do ato criador, dando à metáfora o papel predominante de elemento unificador[14].

Nesse trecho tão importante como o dos campanários de Martinville[15], e o dos reflexos da paisagem marinha na estante envidraçada do quarto do narrador em Balbec[16], ele faz refletir em ponto pequeno toda a obra, na sua preocupação constante de unidade com que busca sempre encaixar mesmo a experiência mais sutil e particular dentro do conjunto da obra, relacionando-a com ela. Como diz Curtius,

isto é o que o salva de afundar-se na pintura de miniaturas idílicas. No microcosmo de uma impressão particular reproduzida em toda a sua singularidade, apreciamos a referência ao macrocosmo da totalidade espiritual. Este reflexo é o que dá à arte de Proust sua profundidade e sua grandeza"[17].

Como na obra de Bergotte, também na de Proust os mais belos trechos são aqueles em que ele descreve a natureza ou as obras de arte. Diz que Bergotte tinha o poder de fazer com que o leitor as sentisse e as visse com a

---

13. Idem, op. cit., p. 137-138; idem, p. 889.
14. Idem, *À Sombra das Raparigas em Flor*, p. 326.; idem, v. I, p. 834.
15. Idem, *No Caminho de Swann*, p. 155-157; idem, p. 179-182.
16. Idem, *À Sombra das Raparigas em Flor*, p. 300-302; idem, p. 802-804.
17. E. R. Curtius, *Marcel Proust y Paul Valéry*, p. 122.

mesma emoção que ele, e a insistência com que as citava era uma prova de que as considerava ricas de significação e de verdade.

Para Proust, o que distingue o poeta dos homens comuns é o fato de que estes não praticaram nas coisas um seccionamento que nos liberta de sua aparência costumeira e nos permite perceber analogias.

E quando Bergotte, admirando o quadro de Vermeer, *Vista de Delft*, fala da preciosa matéria do pedacinho de muro amarelo é também uma análise do seu próprio estilo que Proust nos apresenta:

> Assim é que eu deveria ter escrito, dizia consigo. Meus últimos livros são demasiado secos, teria sido preciso passar várias camadas de tinta, tornar minha frase preciosa em si mesma, como este panozinho de muro tão bem pintado em amarelo[18].

Esta é justamente a característica do estilo proustiano, em que a profundidade é conseguida pela superposição das várias camadas contidas no texto, e cujo significado e a relação com o todo vamos compreendendo à medida que lemos e relemos sua obra.

Proust, como já foi dito, não se limita a fazer observações sobre a literatura, mas na sua tendência para a unidade mostra os pontos comuns desta com a música e a pintura e ora explica o estilo de um escritor em termos de música, ora o de um pintor em termos de literatura.

Quando fala na música de Vinteuil, dá-nos uma nova definição do estilo:

> o modo segundo o qual ele "ouvia" e projetava fora de si o universo. Esta qualidade desconhecida de um mundo único e que jamais nenhum outro músico nos fizera ver, é nisso talvez, dizia eu a Albertina, que está a prova autêntica do gênio, muito mais do que no conteúdo da obra mesma[19].

---

18. Idem, *A Fugitiva*, p. 58; RTP, v. III, p. 187.
19. Idem, *A Prisioneira*, p. 321; idem, p. 376.

Genette, no seu estudo "Proust Palimpseste", em *Figures I*, diz que Proust se contradiz, considerando a essência como uma qualidade possuída em comum por dois seres, duas coisas, duas situações, quando a essência deveria ser o elemento singular a distingui-los.

Mas Proust chama também de essência o elemento que, numa flor, numa obra de arte, num ser, é o reflexo de um mundo superior, o elemento que o faz encadear-se nesse mundo da verdade do qual o artista quer dar-nos uma visão, como diz de Swann ouvindo Vinteuil:

> Swann considerava os motivos musicais como verdadeiras idéias de um outro mundo, de uma outra ordem, idéias veladas de trevas, desconhecidas, impenetráveis à inteligência mas que nem por isso deixam de ser perfeitamente distintas umas das outras, desiguais de valor e significado[20].

Assim, pela memória involuntária, que é o equivalente psicológico da metáfora, o autor, por meio da superposição de duas sensações de mesma natureza, evoca o cenário de sua infância, consegue reviver todo o mundo de Combray que adquire, então, escapando ao tempo, a intemporalidade.

A composição do romance, que em linhas gerais é bastante rigorosa, é a aplicação de um plano que deve ter sido concebido depois de muitos estudos e reflexões.

Entretanto, embora a obra obedeça a um plano, em geral, a visão de conjunto é prejudicada pela extensão do romance. Há trechos em que o autor faz digressões muito longas, outros em que exagera na evocação das reuniões mundanas pelo excesso de detalhes.

É preciso compreender que várias circunstâncias influenciaram esse crescimento monstruoso do romance, entre as quais, a guerra, que, impedindo a publicação imediata de toda a série, deu ensejo ao autor para reexaminá-la, acrescentando sempre trechos que, por seu escrúpulo

---

20. Idem, *No Caminho de Swan*, p. 290; idem, v. I, p. 349.

intelectual, se sentia obrigado a escrever. Também a doença e a morte prematura em novembro de 1922, aos 51 anos, impediram-no de rever a última parte da obra que se ressente disso. O próprio Proust admitiu que a inspiração, o entusiasmo, enfim a intuição, que permitem ao escritor encontrar o estilo próprio, diminuem com a idade, forçando o artista a usar apenas a inteligência; "os livros da maturidade são por isso mais fortes que os da juventude porém já não possuem a mesma aveludada frescura". Pode-se observar que os segmentos escritos na juventude são muito mais ricos em imagens, sensações e impressões, enquanto aqueles em que faz análise psicológica longa, e minuciosamente disserta sobre todos os temas, servindo-se de uma língua abstrata adaptada a suas preocupações intelectuais, devem pertencer à época posterior a 1912.

A intenção de Proust é dar-nos uma visão total do mundo; deseja representar a integridade de nossa experiência, a totalidade do real. Segundo Curtius, sua obra concede à vida intelectual um espaço que o romance naturalista lhe negara. E, desse modo, ilumina e esclarece a biologia dos sentimentos, dos instintos, dos automatismos e do dinamismo dos movimentos da consciência, com uma intensidade que o romance psicológico nunca alcançou. Mas também reflete o domínio da experiência sensível em toda sua densidade e diversidade. E isso não se realiza com uma justaposição esquemática, mas com uma interpenetração orgânica. O romance de Proust é uma reconstrução unitária de nossa experiência, uma "Summa".

O verdadeiro tema da *Recherche* não se revela imediatamente ao leitor. Pela própria apresentação do tema, Proust refere-se à sua preocupação de chegar à essência, atrás das aparências, pois seu livro, que à primeira vista se enquadra na linha do romance tradicional, dando-nos, por meio do narrador e pela sua vida em Combray e nos salões de Paris, um retrato da sociedade francesa na *belle époque*, na realidade vai muito mais longe para nos mostrar a decadência dessa sociedade e a destruição de seus valores.

E então se desvenda o verdadeiro sentido do romance, a procura pelo narrador de uma razão para a sua existência, a busca da permanência que ele obtém pela obra de arte. A ação não importa. O autor não utiliza os recursos tradicionais para manter a incerteza do que vai acontecer; ao contrário, aos fatos passados que descreve se junta a explicação que o narrador conhece por experiências posteriores. Não há um tempo único, mas o passado da cena vivida, o futuro das esperanças projetadas e o presente do narrador para quem os fatos amadurecidos têm novo sentido. Proust obtém, assim, o efeito desejado, a obra, por esse cruzamento de tempos, escapa ao Tempo. E este é o objetivo da obra de arte: dar eternidade às coisas, aos seres e ao artista que os evoca.

A obra de Proust, quanto ao aspecto formal, apresenta duas tendências: de um lado, o estilo impressionista que, servindo-se da imagem, recria o mundo por meio não da fusão, mas da justaposição das cores e das formas, e, do outro, o clássico da narrativa psicológica.

Também é importante a referência à relação que existe entre a *Recherche*, de Marcel Proust, e *Les faux monnayeurs* (Os Moedeiros Falsos), romance em que Gide, mais ou menos na mesma época, utilizando a técnica do encaixe, coloca em seu livro um romancista que escreve um romance e que elabora uma estética à qual pretende obedecer.

Influenciados por Dostoiésvki, Proust e Gide renovaram a análise psicológica dos personagens, mostrando-os, com seus comportamentos muitas vezes contraditórios, como verdadeiros seres humanos. Assim, desaparece, em seus livros, o narrador onisciente e surge uma realidade de múltiplas facetas, abordada segundo o ponto de vista de cada observador. Foram, juntamente com Joyce, os criadores da nova técnica do romance no século xx.

3. PROUST E O SIMBOLISMO: UMA NOVA MANEIRA DE VER E INTERPRETAR A REALIDADE

> *O que faz com que (essas paisagens que os pintores, como os poetas, nos ensinam a ver) pareçam diferentes e mais belas é que trazem consigo, como um reflexo inatingível, a impressão que deram ao gênio...*[1].

Para abordar a obra de Proust em relação à sua forma única de ver e interpretar a realidade (a qual tem muito a ver com as tendências artísticas da virada do século XIX para o XX), parece-nos indispensável analisar a estética proustiana e o instrumento da sua criação, o estilo.

Para um leitor atento, o que mais impressiona na *Recherche* é a sua composição.

---

1. M. Proust, *Contre Sainte-Beuve précédé de Pastiches et mélanges et suivi de Essais et articles et Nouveaux mélanges*, p. 177. Tradução livre.

Neste romance, a importância do tema é superada pela originalidade da forma, que se traduz na estrutura e no estilo.

Como disse de Chardin, que fazia obras de arte com objetos prosaicos de cozinha, Proust, das recordações da infância, das decepções no amor e na sociedade, criou um mundo novo. Nesse mundo maravilhoso mostra a poesia das coisas simples da natureza: as flores, as árvores. Lembremo-nos das belíssimas descrições das macieiras em flor que ele compara a mocinhas de vestido de baile com os pés na lama, das pereiras, do mar, das mulheres em plena juventude, das meninas de Balbec ("uma guirlanda de rosas diante do mar") ou Odette passeando no Bois de Boulogne. As flores são privilegiadas como as *aubépines* (os espinheiros) da sebe do jardim de Gilberte, os crisântemos e as bolas de neve do apartamento de Odette, as orquídeas (tema recorrente e com forte conotação erótica tratado no episódio de sedução entre Swann e Odette e no de Charlus e Jupien) e outras mais. Enfim, na sua pintura da sociedade ele revela os valores falsos de uma vida mundana decadente, aos quais se opõem o impacto profundo da arte e o seu apelo.

Incapaz de gozar e sentir plenamente a realidade no momento em que a via, exceto em ocasiões muito especiais e curtas, e talvez por ter uma imaginação prodigiosa, Proust usava-a como recurso.

Como para Leonardo da Vinci, que dizia "la pittura è cosa mentale", assim é a literatura para Proust.

Falando do pintor, diz que "Elstir só podia olhar uma flor fazendo-lhe a transposição para seu jardim interior"[2] e, por essa frase, define a sua própria maneira de criar. E em *O Tempo Redescoberto*: "Convencera-me de que só uma percepção grosseira e viciada coloca tudo no objeto, quando tudo está no espírito"[3].

---

2. Idem, *Sodoma e Gomorra*, p. 271; RTP, v. II, p. 943.
3. Idem, *O Tempo Redescoberto*, p. 154; idem, v. III, p. 912.

Depois do realismo e do naturalismo, predominantes em meados do século XIX, havia no ar um movimento rumo ao espiritual, o etéreo, o inacessível e fugaz, enfim, a tudo o que pudesse revelar um outro mundo do qual o nosso seria apenas um reflexo. Nisso reconhecemos a imagem da caverna de Platão.

Como Verlaine, Rimbaud, Mallarmé e os poetas simbolistas, Proust imbuíra-se das idéias de Baudelaire, cujos poemas admirava e cuja obra teórica teve muita influência sobre os movimentos artísticos surgidos no último quartel do século XIX.

Em *L'art romantique* e em seus artigos sobre os salões de pintura, Baudelaire, influenciado por suas leituras de Edgar Allan Poe[4], defendia a liberdade de expressão, a espontaneidade e a importância do olhar, privilegiando a sensação. Também foi Baudelaire que enfatizou a integração de todas as artes – a pintura, a música e a literatura – numa procura única de permanência e a revelação de um outro mundo, o mundo das essências.

E essa influência é explicitada quando, na *Recherche*, Brichot, para mostrar sua cultura e encarnando as idéias conservadoras de Sainte-Beuve, diz, referindo-se ao narrador:

> Eu não desejaria ser excomungado como herético e relapso na capela malarmaica onde o nosso novo amigo, como todos os da sua idade, devem ter ajudado a missa esotérica, pelo menos como menino de coro e mostrando-se deliqüescente ou rosa-cruz. Mas na verdade já vimos demasiados desses intelectuais que adoram a Arte com um A maiúsculo e, quando já não lhes basta alcoolizarem-se com Zola, fazem-se injeções de Verlaine. Tornados eterômanos por devoção baudelairiana, já não seriam capazes do esforço viril que qualquer dia a Pátria lhes poderá pedir, anestesiados como estão pela grande neurose literária, na atmosfera quente, enervante, pesada de relentos malsãos, de um simbolismo de casa de ópio[5].

---

4. E. A. Poe, The Poetic Principle, em *The Complete Tales and Poems of Edgar Allan Poe*.
5. M. Proust, *Sodoma e Gomorra*, p. 281; RTP, v. II, p. 956.

Embora admita, como os românticos, que o sofrimento é uma fonte de inspiração, não segue a religiosidade de um Lamartine, que dizia sobre a condição humana: "Limitado pela própria natureza, infinito em seus anseios/ O Homem é um deus caído que se lembra dos céus"[6].
Dominado por suas tendências homossexuais, Proust aparenta-se mais ao sensualismo de Baudelaire, oscilando entre o céu e o inferno.

Verlaine e Rimbaud renovaram a arte poética, privilegiando as impressões, a musicalidade e a transposição de sensações. Suas raízes mergulham em Baudelaire que em seu poema "Correspondances" proclamou:

> La nature est un temple où de vivants piliers
> Laissent parfois sortir de confuses paroles;
> L'homme y passe à travers des forêts de symboles
> [...]
> Les parfums, les couleurs et les sons se répondent
> [...]
> Qui chantent les transports de l'esprit et des sens[7].

Proust, como Verlaine, que dizia que a arte consiste em expressar absolutamente o próprio eu, acreditava que o poeta só é verdadeiro quando revela, na obra, o seu eu profundo:

> Impressões como as que procurava fixar só se poderiam evanescer ao contato do gozo direto que fora impotente para suscitá-las. O único modo de apreciá-las melhor seria tentar conhecê-las mais completamente lá onde se achavam, isto é, em mim mesmo, torná-las claras até nas suas profundezas[8].

---

6. "Borné dans sa nature, infini dans ses voeux/ L'Homme est un dieu tombé qui se souvient des cieux". A. de Lamartine, L'Homme, em *Méditations poétiques – Nouvelles méditations poétiques*, p. 25.
7. C. Baudelaire, *Les fleurs du mal*, p. 34. "A natureza é um templo vivo em que pilares/ Deixam filtrar não raro insólitos enredos;/ O homem o cruza em meio a um bosque de segredos/ [...] Os sons, as cores e os perfumes se harmonizam/ [...] Que a glória exaltam dos sentidos e da mente". C. Baudelaire, *As Flores do Mal*, p. 115.
8. M. Proust, *O Tempo Redescoberto*, p. 128; RTP, v. III, p. 877.

Também como Verlaine, transpõe sentimentos e impressões em sensações. Na descrição da pequena frase da *Sonata de Vinteuil* encontram-se reminiscências do soneto de Baudelaire "A une passante"[9] e de "Mon rêve familier"[10], de Verlaine.

Ainda como Verlaine, no *Fêtes Galantes*, alude ao quadro célebre de Watteau, ao falar da sugestão do amor que o sonho inculca em nós, dizendo que este faz passar diante de nós um maravilhoso quadro, um *Embarquement pour Cythère* da paixão[11].

Os poetas simbolistas tiveram como mestre Mallarmé, que reunia todas as terças-feiras em sua casa da rua de Rome, em Paris, Jules Laforgue, Henri de Régnier, Maurice Barrès, André Gide, Paul Claudel, Paul Valéry e outros.

Mallarmé proclamava a busca da essência das coisas para libertá-las das aparências, a devoção total à poesia e a renúncia aos prazeres mundanos. Como ele, Proust procura, nos objetos, os reflexos das essências e emprega os símbolos ao invés dos conceitos.

Também o impressionismo tem muita afinidade com o simbolismo e vemos vestígios dele na obra proustiana. O impressionismo designou uma característica da pintura do último quartel do século XIX. A expressão origina-se do quadro de Claude Monet, *Impression, soleil levant*, exposto em 1874 em Paris. Como não agradou aos críticos, estes chamaram a nova escola de impressionismo, por ironia e também pelo escândalo que a obra provocou, opondo-se ao realismo da pintura anterior. A Monet juntavam-se os representantes das mais recentes tendências da pintura: Manet, Renoir, Degas, Pissarro, Sisley, Cézanne, Berthe Morisot e outros.

O quadro de Manet, *Le déjeuner sur l'herbe*, em que o pintor, retomando um tema clássico, deu-lhe um enfoque moderno, com uma técnica que revela uma nova visão da realidade, também sofreu críticas.

---

9. C. Baudelaire, op. cit., p. 181.
10. P. Verlaine, Mon revê familier, em *Poèmes Saturniens*, p. 12.
11. M. Proust, *O Tempo Redescoberto*, p. 153-154; RTP, v. III, p. 911-912.

Para Proust, a impressão profunda é o único critério de verdade, e a preocupação com a captação do tempo e a relatividade, que domina os seres e as coisas, são temas em comum com os impressionistas.

Sente-se na tendência demonstrada por Proust, para insistir na mudança, que as paisagens, as situações e as pessoas sofrem devido às circunstâncias, uma grande afinidade com Monet, que pintou a catedral de Rouen em várias horas do dia, mostrando os efeitos produzidos pela mudança de luz.

Da mesma forma, sente-se a presença de outros impressionistas, como Renoir e Manet, nos retratos que o escritor faz de Odette em casa, no Bois de Boulogne, de Gilberte no parque de Tansonville, nos Champs-Elysées e muitos outros como a famosa evocação da duquesa de Guermantes, num camarote do teatro da Ópera.

Suas descrições da natureza são verdadeiros quadros impressionistas, pois os pintores dessa escola privilegiavam as cenas ao ar livre e as paisagens.

A descrição das ninféias do Vivonne é uma transposição poética dos quadros de Monet sobre o mesmo tema:

mais além, apertados uns contra os outros numa verdadeira platibanda flutuante, dir-se-iam amores-perfeitos dos jardins que tivessem vindo pousar como borboletas as suas asas azuladas e frias sobre a transparente obliqüidade daquele canteiro d'água [...][12].

Na música, a nova tendência evoca uma atmosfera vaga, a sugestão que os simbolistas pregavam. Músicos como Ravel, César Frank, Fauré aparecem no romance de Proust, mas Claude Debussy foi o verdadeiro fundador do estilo. Com *Prélude à l'après-midi d'un faune*, inspirado no poema de Mallarmé, e *Pelléas et Mélisande*, ópera sobre o texto da peça homônima de Maurice Maeterlink, ultrapassou as bases anteriores da música, revolucionando-a, e prosseguiu com peças magistrais como, entre outras, *La Mer* e *Clair de Lune*.

---

12. Idem, *No Caminho de Swann*, p. 147; idem, v. I, p. 169-170.

É nessas últimas composições que nos faz pensar o texto de Proust, que transpõe em termos visuais a audição da *Sonata de Vinteuil*.

O narrador-autor afirma que, mais do que qualquer outra arte, a música o ajuda a mergulhar em si mesmo, e lhe dá um espaço importante na *Recherche*, citando constantemente compositores como Bach, Mozart, Beethoven, Chopin, Wagner, por quem tinha uma admiração especial, os russos Rimski-Korsakov, Stravínski e Borodine e outros, que ouvia nas salas de concertos de Paris e nos salões que freqüentava. No romance, o grande compositor é Vinteuil.

Duas são as peças musicais importantes na *Recherche*, a *Sonata de Vinteuil*, que Swann ouve sem saber que foi composta pelo insignificante professor de piano de suas vizinhas no campo, e o *Septeto de Vinteuil*, obra muito mais tardia e completa do mesmo autor e que é, para o narrador maduro, como um prelúdio à descoberta de sua vocação. São vários os compositores apontados como inspiradores dessas composições musicais, entre os quais Saint-Saëns e César Frank, mas, como para os personagens, o problema das fontes é sem importância, pois, quando Proust fala da música, ele nos faz sentir mais profundamente as emoções que já experimentamos e é a essência da música que chega até nós. Diz-nos que o seu livro seria uma espécie de lente que permitiria ao leitor ver dentro de si. E, portanto, ao lê-lo, cada um deve ser o leitor de si mesmo.

Ao comentar o *Septeto de Vinteuil*, que ouve ainda apaixonado por Albertine, o narrador-autor diz que a música exprime, pelo seu poder de sugestão, o inefável que o escritor precisa deixar no limiar das frases e indaga se a música não seria o único exemplo, se não houvesse a invenção da linguagem, da comunicação das almas[13]. Em outro trecho, em uma, talvez, única alusão à transcendência, diz: "Não é possível que uma escultura, uma música que dá uma

---

13. Idem, *A Prisioneira*, p. 216-220; idem, v. III, p. 254-261.

emoção que sentimos mais elevada, mais pura, mais verdadeira, não corresponda a uma certa realidade espiritual"[14].

O estilo de Proust, cheio de imagens e transferências de sensações, deve também muito ao impressionismo e ao simbolismo, escolas da mesma época com características semelhantes.

Como diz Curtius, citado por Leo Spitzer, "o estilo de Proust é uma mistura especial de intelectualismo e de impressionismo; entrelaça uma análise sintática levada à extrema sutileza e uma reprodução aprofundada até às ínfimas nuances dos dados sensoriais e psíquicos, mas os dois se realizam num movimento único e são função da mesma energia"[15].

As sensações têm, na *Recherche*, um papel preponderante, como atestam os textos capitais do romance. Na descrição dos espinheiros (*aubépines*), a sensação olfativa é transposta em sensação auditiva. O menino encontra a cerca viva *zumbindo* com o perfume dos espinheiros ("tout bourdonnant de l'odeur des aubépines"). Os espinheiros cor-de-rosa são vistos como coisa comestível, como morangos esmagados com creme, o ar do quarto da tia Léonie é nutritivo e suculento, os cheiros, como o da colcha, apetitosos, a frase musical da *Sonata de Vinteuil* é aérea e perfumada ("aérienne et odorante").

Como descreve os quadros de Vinteuil por meio de analogias, também as estabelece ao descrever as impressões despertadas em Swann pela audição da *Sonata de Vinteuil*, usando expressões relativas à água, ao mar, ao mesmo tempo que usa, para o mar, termos de música.

Fora um grande prazer quando, por baixo da linha do violino, tênue, resistente, densa e dominante, vira de súbito tentar erguer-se num líquido marulho, a massa da parte do piano, multiforme, indivisa, plana e entrechocada como a malva agitação das ondas que o luar encanta e bemoliza[16].

14. Idem, p. 321; idem, p. 375.
15. E. R. Curtius apud Leo Spitzer, *Etudes de styles*, p. 467-468.
16. M. Proust, *No Caminho de Swann*, op. cit., p. 178; RTP, v. I, p. 208.

Outra analogia é a que se estabelece entre um fenômeno da natureza, a polinização de uma orquídea por um besouro, e a relação sexual entre Charlus e Jupien.

O narrador, que desejava encontrar a duquesa de Guermantes, tinha-se postado na escada, em frente à residência dela e, enquanto esperava, contemplava uma orquídea no salão da duquesa. Charlus chega sem ver o narrador, mas vê Jupien, um jovem alfaiate que trabalha na loja do andar térreo, e o atrai fortemente.

Também, nesse episódio, é interessante notar os olhares de Jupien para Charlus, que são descritos como certas frases interrogativas de Beethoven.

Quando o narrador ouve o *Septeto de Vinteuil*, ele compara suas frases musicais a uma mulher, falando de seu rosto (nota-se também ali uma reminiscência do poema de Baudelaire "A une passante").

Nessa fase da vida, o narrador já amou, tendo superado o sofrimento pela morte de Albertine. A música, a arte enfim, toma o lugar do amor, e é isso o que aquelas frases expressam.

Outro processo utilizado por Proust é aquele que associa o som das palavras, estabelecendo sentidos latentes. Por exemplo, no início do romance, a repetição do som [ã] de *temps*, no primeiro parágrafo, evoca a obsessão do narrador pela fuga do tempo. Cabe aqui lembrar a estrofe do poema "Violões Que Choram", do nosso grande simbolista Cruz e Souza, em que pelas aliterações percebemos os sons dos violões como o sopro do vento:

> Vozes veladas, veludosas vozes,
> volúpias dos violões, vozes veladas,
> vagam nos velhos vórtices velozes
> dos ventos, vivas, vãs, vulgarizadas[17].

É por meio das imagens que o artista revela o que não poderia fazer por meios objetivos e diretos. Através do

---

17. J. da Cruz e Souza, Violões Que Choram, *Faróis*, p. 101.

estilo, envolve-nos numa atmosfera poética em que nos identificamos com as ações e emoções descritas, pois as palavras têm um poder de significação e de evocação. Falando da *Sonata de Vinteuil*, ou das ninféias do rio Vivonne, suas frases alongam-se, enriquecem-se de imagens e, na *Recherche*, equivalem às de Bergotte que, no romance, representa o grande escritor:

> Cada vez que me falava de alguma coisa cuja beleza me ficara até então oculta, dos pinheirais, do granizo, de *Notre-Dame de Paris*, de *Athalie*, de *Phèdre*, fazia, numa imagem, essa beleza explodir e vir até mim[18].

Para ele, o instrumento mais valioso para a recriação da realidade, o escopo da arte, consiste no estilo, a forma original de cada artista. É por meio do estilo que o artista nos faz ver o seu mundo particular, que ele traduz numa fórmula muito feliz:

> A única viagem verdadeira, o único banho de Juventa seria, não partir em demanda de novas paisagens, mas ter outros olhos, ver o universo com os olhos de outra pessoa... com um Elstir, com um Vinteuil, com os da sua espécie, voamos, em verdade, de estrela em estrela[19].

Para Proust, o segredo do gênio é a faculdade de transformar, é ser capaz de fazer a transposição dos elementos do real e isso é o resultado da intuição, da imaginação e da sensibilidade. Diz que sentimos uma espécie de espanto ao ver, em lugar do mundo imaginado, o mundo visível. O gênio consiste, portanto, no poder de refletir e não na qualidade intrínseca do objeto refletido. Pensemos, nós leitores, na casa da tia Léonie tal como nós a vemos, ao visitá-la em Illiers-Combray e naquela que Proust evoca nas recordações de Marcel.

Precisamos mencionar aqui a importante influência de Flaubert, cuja *Educação Sentimental* tem muita afinidade com a *Recherche*.

---

18. M. Proust, *No Caminho de Swann*, p. 86; RTP, v. I, p. 95.
19. Idem, *A Prisioneira*, p. 218; idem, v. III, p. 258.

Nada de importante, como na *Recherche*, acontece naquele romance que mostra um jovem à procura de um amor que nunca se realiza. A senhora Arnaud, a amada de Fréderic, o herói, ou melhor, o anti-herói, é idealizada pela sua imaginação como Odette por Swann.

A cena da primeira impressão que ele tem dela, ao vê-la a bordo do navio em que viajam, é um verdadeiro quadro, como os que Proust pinta de mulheres, e nos faz pensar nos de Manet e Renoir.

Da mesma forma, embora se sinta na pintura descrita por Proust uma grande afinidade com Monet, sentimos a presença de outros impressionistas como Renoir e Manet nos retratos que faz da senhora Swann em casa, no Bois de Boulogne, de Gilberte no parque, de Tansonville, nos Champs-Elysées e muitos outros como a evocação da senhora de Guermantes no teatro da Ópera.

A preocupação de Proust com a permanência por meio da arte, revelada pelos artistas Bergotte, Elstir, Vinteuil, pessoas insignificantes para a vida mundana, mas que deixaram uma obra imortal, também se afina com a finalidade última dos simbolistas e impressionistas.

Proust, como eles, busca captar o efêmero pela arte, captação essa que o poeta inglês John Keats, muitos anos antes, já expressara em seu poema "Ode to a Grecian Urn", tratando de um baixo relevo em que se vêem um rapaz e uma moça imortalizados numa urna de grande beleza: "Forever wilt thou love, and she be fair"[20] (Para sempre amarás e ela será bela).

Enfim, podemos dizer que Proust foi um homem do seu tempo que soube expressar magistralmente não só o aspecto histórico da *belle époque*, mas, principalmente, introduziu na literatura uma nova maneira de olhar.

---

20. J. Keats, Ode to a Grecian Urn, em *Poems Published in 1820*, p. 113-116.

4. A ARTE DOS REFLEXOS NA *RECHERCHE*

Mais ainda, uma coisa vista em determinada época, um livro lido, não se prendem apenas ao que então nos rodeava: associa-se este também fielmente ao que éramos, não pode ser de novo percorrido senão pela sensibilidade, pela pessoa de então[1].

Uma obra tão rica e complexa como *Em Busca do Tempo Perdido* não revela seus segredos à primeira abordagem. Sua leitura completa deve ser dupla. A primeira se concentrará na história da vida do narrador desde a infância, de seus amores, suas decepções, das pessoas com quem conviveu até o momento em que, na recepção oferecida pela princesa de Guermantes, percebe a vaidade das coisas do mundo, a passagem do tempo por ele e pelos outros, e descobre, na arte, o segredo da permanência.

1. M. Proust, *O Tempo Redescoberto*, p. 134; RTP, v. III, p. 885.

O plano de seu romance esboça-se, então, lentamente em seu espírito. Mas nós, seus leitores, sabemos que ele já o escreveu e temos de voltar atrás para ler a história do livro. *Em Busca do Tempo Perdido* não é somente a história de uma vida. É, antes de tudo, a história de um livro e da formação de um escritor. Em nossa segunda leitura, será mais fácil compreender os indícios que conduzem à descoberta da arte.

O narrador, quando começa a escrever seu romance, o faz após um longo período de gestação (e isso é também verdade para Proust), em que reuniu o material para o livro e elaborou uma estética que seria a base de sua criação.

Mas o que é notável e constitui a originalidade da obra é que essa estética é exposta ao longo de todo o romance, às vezes de uma forma implícita, antes de tornar-se o motivo central de *O Tempo Redescoberto*.

A concepção de Proust sobre a arte é muito pessoal e atinge seu ponto culminante na afirmação de que o artista, isto é, o músico, o pintor, o escritor, consegue, depois de uma longa caminhada interior, exorcizar o poder malfazejo do tempo:

> E eu afirmo que a lei cruel da arte exige que os seres pereçam, que nós mesmos morramos padecendo todos os tormentos, a fim de que cresça a relva, não do olvido, mas da vida eterna, a dura relva das obras fecundas, sobre a qual as gerações futuras virão alegremente, sem cogitar dos que sob ela dormem, fazer seus piqueniques[2].

Essa é uma evidente alusão ao quadro de Manet, *Le Déjeuner sur l'herbe* e à parábola do Evangelho *Se o Grão não Morrer...* que Proust menciona também no livro.

O escritor, para ele, é apenas um tradutor. Não precisa inventar o tema a ser desenvolvido, pois este já existe e ele só tem que traduzi-lo.

---

2. Idem, p. 244; idem, p. 1038.

O verdadeiro escritor é aquele que se torna um espelho para refletir a vida; ele insiste nessa imagem de espelho, que é o núcleo de sua concepção artística. Uma obra de arte é o reflexo da realidade no espelho do artista. Assim, um quadro de Elstir é um espelho do mundo e o narrador diz, sobre Bergotte:

os que produzem obras geniais não são aqueles que vivem no meio mais delicado, que têm a conversação mais brilhante, a cultura mais extensa, mas os que tiveram o poder, deixando subitamente de viver para si mesmos, de tornar a sua personalidade igual a um espelho, de tal modo que sua vida aí se reflete, por mais medíocre que aliás pudesse ser mundanamente e até, em certo sentido, intelectualmente falando, pois o gênio consiste no poder refletor e não na qualidade intrínseca do espetáculo refletido. No dia em que o jovem Bergotte pôde mostrar ao mundo dos seus leitores o salão de mau gosto em que passara a infância e as conversas não muito divertidas que ali tivera com seus irmãos, nesse dia ele subiu mais alto que os amigos de sua família que eram mais espirituosos e mais distintos: estes, nos seus belos Rolls –Royce, poderiam voltar para casa testemunhando certo desprezo pela vulgaridade dos Bergottes; mas ele, no seu modesto aparelho que afinal acabava de "decolar", sobrevoava-os[3].

A imagem do espelho é muito usada na literatura. Platão, na *República*, ilustra sua concepção da imitação artística dizendo que todas as coisas podem ser criadas por seu reflexo em um espelho. Também Stendhal, em *O Vermelho e o Negro*, afirma: "Um romance é um espelho que se leva ao longo de uma estrada".

Mas Proust não tem essa mesma preocupação com a mimese, com o realismo. O artista, para ele, deve mostrar sua visão pessoal da realidade, isto é, não segurar um espelho que reflita a realidade tal como é, mas ser, ele próprio, esse espelho único no qual venham refletir-se os fatos, as impressões, as sensações, transformando-se em contato com sua sensibilidade.

---

3. Idem, *À Sombra das Raparigas em Flor*, p. 101; idem, v. I, p. 554-555.

É por esse aspecto que Proust se distingue de seus contemporâneos, demasiado preocupados com a objetividade, como os irmãos Goncourt, de quem faz um pastiche em *O Tempo Redescoberto*. A única finalidade desse pastiche é mostrar como se pode "perder o essencial numa descrição". O salão da Sra. Verdurin e seus convivas minuciosamente descritos pelos irmãos Goncourt eram totalmente diferentes da impressão que deles guardava o narrador. Era uma visão totalmente superficial, que não captava o verdadeiro significado do objeto.

Se eu disse que era necessário ler pelo menos duas vezes a *Recherche*, isso se deve ao fato de que, na primeira vez, é muito difícil estabelecer certas relações.

Este romance é a narrativa da busca de um sentido para a existência por meio da arte, e o narrador chama, constantemente, a atenção do leitor para os elementos que permitiram esse encontro.

Apesar de certa impressão de desordem, que se deve às numerosas digressões e aos acréscimos posteriores, esta obra apresenta, a um leitor atento, uma estrutura sólida em que cada parte corresponde a um plano bem determinado. Muitos indícios contribuem, ao longo do romance, para essa constatação. São os núcleos de reflexão em que a obra se contempla a si mesma e aponta ao leitor os detalhes da construção, sua forma, sua maneira de captar o real, os elementos essenciais para traduzir a visão única de seu criador. Eles constituem o que se chama, atualmente, de encaixe em português, *mise en abyme* em francês, isto é, uma narrativa secundária que, possuindo analogias com a macronarrativa, reflete-a e enfatiza. Esses núcleos se disseminam por toda a *Recherche*, não se referindo somente ao discurso, mas também à história.

Aqueles que conhecem *Un amour de Swann* (Um Amor de Swann) devem se lembrar desse romance encaixado no grande romance que é a *Recherche* e que é um reflexo em miniatura da obra total.

O pequeno núcleo Verdurin e o salão da senhora de Sainte-Euverte correspondem aos salões mundanos freqüentados pelo narrador, assim como o seu amor por Albertine é prefigurado pelo de Swann por Odette. À *Sonata de Vinteuil*, que simboliza o apelo da arte a Swann, corresponde o *Septeto de Vinteuil*, para o narrador. Swann é o *alter ego* de Marcel; podemos dizer que é o reflexo da sua imagem invertida, pois Swann, um "celibatário da arte", opõe-se ao narrador no essencial: embora tivessem os mesmos gostos, freqüentassem a mesma sociedade e tivessem tido as mesmas oportunidades, cada um seguiu um caminho diferente. Swann, contentando-se em desposar Odette e esquecendo suas tendências artísticas, escolheu a vida e o esquecimento após a morte. Marcel, o narrador, renunciou ao mundo, encerrou-se em seu quarto forrado de cortiça e dedicou-se totalmente àquela obra pela qual venceria o tempo e a morte.

Há também, no romance, cenas que prefiguram acontecimentos posteriores como aquela em que o garotinho espera o beijo da mãe e que prenuncia a angústia do futuro apaixonado por Albertine. O episódio da *madeleine* esboça as impressões de memória involuntária, que levarão o narrador à descoberta final na recepção da princesa de Guermantes.

Mas as narrativas, as cenas e as sensações não são as únicas a desempenhar o papel de espelhos na obra. Os nomes e os sons também refletem a história. Balbec, Veneza e Florença contêm, dentro delas, a imagem de tudo o que a imaginação do jovem Marcel acrescentou a cada cidade. Assim, o nome de Parma está cheio "de doçura stendhaliana e do perfume das violetas" (alusão à *Cartuxa de Parma*, de Stendhal e às violetas de Parma). O nome de Gilberte, pronunciado por sua amiga, contém toda a intimidade entre as duas, que o narrador tanto inveja.

Observe-se também na *Recherche* a predominância de certos sons que estabelecem uma corrente subjacente de significação. Certas palavras que designam idéias importantes, e principalmente certos substantivos, têm seus elementos fônicos espalhados no contexto. Estes funcionam como ecos ou pequenos espelhos que repetem a palavra principal, enfatizando seu sentido.

No primeiro segmento do romance, no primeiro parágrafo, o substantivo *Temps* (Tempo) desempenha o papel de matriz poética.

Mas os mais originais são, principalmente, os encaixes relativos ao discurso. Observa-se neles a importância das conotações, da analogia e do simbolismo. São, em geral, cenas descritivas em que é preciso distinguir, por trás de um conteúdo manifesto, um conteúdo latente.

Quando lemos a descrição dos três campanários de Martinville, observamos, além da evocação de uma paisagem pitoresca e da exaltação perante a capacidade de criar (é a primeira vez que o menino consegue isso), uma alusão a toda a obra e à sua relação com a realidade.

Os campanários, que se transformam à medida que há mudança da posição do espectador sentado num carro que vai a toda velocidade, representam a realidade se modificando segundo as circunstâncias e os pontos de vista do observador. Assim, na *Recherche*, há Odette vista por Swann ainda não apaixonado, depois por Swann apaixonado, Odette como a senhora de cor-de-rosa, amiga do tio avô de Marcel, Odette como Miss Sacripant, o modelo de Elstir, Odette que o namorado da filha vê como uma dríade entre as divindades do Bois de Boulogne, depois a mesma mulher que se tornara condessa de Forcheville e, enfim, a amante adorada do duque de Guermantes.

Proust insiste em que as pessoas provocam reações diferentes e o amor transfigura o objeto amado.

No momento em que é apresentada a Swann, Odette não desperta nele nenhuma impressão especial. Ele chega a achar que ela não é seu tipo; mas quando ela consegue tornar-se indispensável e faz-se amar, ele passa a ver nela o equivalente de uma obra de arte e a assimila a uma personagem consagrada pela pintura, a Céfora do célebre afresco de Botticelli, *Cenas da Vida de Moisés*.

Rachel, a mulher por quem Saint-Loup se apaixona loucamente e por quem ele seria capaz de abandonar tudo e até de se matar, descrita ao seu amigo com as cores mais lisonjeiras, provoca neste uma grande decepção, pois reconhece nela a rapariga vulgar que encontrara num bordel[4].

Isso confirma a convicção de Proust de que cada um vê a realidade à sua maneira.

O quadro dos três campanários representa, ainda, por suas duas partes simétricas, a visão dos campanários e a sua descrição, as duas etapas da criação artística, a impressão e sua recriação. A metamorfose dos três campanários em três pinos de ouro, depois em três flores-de-lis e, enfim, em três donzelas de legenda, ilustra a elaboração da obra de arte, a metamorfose a que o estilo submete a realidade.

E a estrutura e unidade da *Recherche* refletem-se também nesta cena na qual observamos que os campanários se afastam, se separam para reunirem-se, enfim, numa única forma escura que se esfuma com o anoitecer, como a visão única que temos ao acabar a leitura de todo o romance. Pois esta é uma obra feita de muitos segmentos, de muitos episódios, aparentemente muito distantes uns dos outros, mas que se reúnem para ilustrar as mesmas leis psicológicas e a mesma ideologia.

O ateliê de Elstir, que é comparado ao "laboratório de uma nova criação do mundo"[5], insiste novamente na visão original do artista e seu modo de transmiti-la.

Aquele que vê não vê nunca como os outros e, se tiver talento, poderá transmitir essa visão por meio do estilo. Cada artista transforma de tal forma a realidade que cria um mundo novo. "Com um Elstir [diz ele] com um Vinteuil, com os da sua espécie, voamos em verdade de estrela em estrela"[6].

---

4. Idem, *O Caminho de Guermantes*, p. 119-120; idem, v. ii, p. 157-158.
5. Idem, *À Sombra das Raparigas em Flor*, p. 326; idem, v. i, p. 834.
6. Idem, *A Prisioneira*, p. 218; idem, v. iii, p. 258.

Olhando as marinhas nos quadros do pintor Elstir, o narrador "podia distinguir que o encanto de cada uma consistia numa espécie de metamorfose das coisas representadas, análoga à que em poesia se chama metáfora"[7].

A metáfora consiste, como sabemos, em ver uma coisa em outra coisa, isto é, estabelecer relações de analogia. É justamente o princípio gerador do estilo de Proust, que tem na metáfora a sua fonte por excelência.

O narrador vê a natureza, os seres, as coisas e as situações de um ponto de vista inteiramente pessoal, carregado de suas reminiscências, suas tendências artísticas e suas ambições mundanas. O campanário da igreja de Saint Hilaire, quando o contemplava na infância, ao vir da missa para a confeitaria, parecia um imenso bolo, ao passo que, à noite, antes de adormecer, ele o via como uma almofada de veludo. A visão é, portanto, condicionada pelas circunstâncias, e isso é reiterado em todo o livro. Como já foi dito, para Proust o estilo não é um problema de técnica, porém de visão.

O próprio narrador dá-nos a chave de suas metáforas indicando sua fonte, o que nos leva à conclusão de que sua visão é o reflexo da sua imaginação, sua memória e sua sensibilidade.

Sua preocupação com a fusão revela-se nas relações que estabelece entre as artes, os sentimentos e as sensações. O Swann da infância do narrador era "perfumado pelo cheiro das grandes castanheiras, das cestas de framboesas e de um galhinho de estragão"; a obsessão por uma mulher é tão desagradável e persistente quanto uma dor de dente; a pequena frase da *Sonata de Vinteuil* envolve Swann como um perfume, uma carícia, a *Sonata de Vinteuil* é branca, enquanto o *Septeto* é vermelho como um gerânio.

Swann, infeliz, desprezado por Odette, vê na *Sonata de Vinteuil* a dramatização de sua situação pessoal:

---

7. Idem, *À Sombra das Raparigas em Flor*, p. 326; idem, v. I, p. 834.

Primeiro, o piano solitário se queixou como um pássaro abandonado da sua companheira; o violino escutou-o, respondeu-lhe como de uma árvore vizinha. Era como no princípio do mundo, como se não houvesse senão os dois sobre a face da terra, ou antes, era naquele mundo fechado a tudo o mais, construído pela lógica de um criador e onde para todo e sempre só os dois existiriam: aquela sonata[8].

Se Proust insiste tanto nessa maneira única de sentir, é para mostrar ao leitor como deve ler o seu livro, pois "cada leitor é, quando lê, o próprio leitor de si mesmo". A obra do escritor é apenas uma espécie de instrumento de ótica que ele lhe oferece a fim de fazê-lo discernir o que, sem esse livro, ele talvez não tivesse visto em si mesmo.

E somos nós que devemos concluir que, para ler Proust, não precisamos conhecer as chaves de seus personagens, os músicos que o inspiraram, as paisagens que descreve. É preciso deixar-se guiar por ele para sentir, na memória, uma peça musical ouvida num momento de exaltação, seja ela de Saint-Saëns, de César Franck, de Chopin ou de Wagner, para evocar uma atmosfera ou voltar ao passado.

Proust desperta ecos em nós, projeta reflexos, mas os ecos são da nossa memória e os reflexos da nossa sensibilidade.

---

8. Idem, *No Caminho de Swann*, p. 292; idem, p. 352.

5. O ENCAIXE-REFLEXO

Cada hora de nossa vida, assim que morre, se encarna, e se esconde em algum objeto material. Ali permanece cativa para sempre a não ser que encontremos o objeto. Através dele nós a reconhecemos, chamamos e ela é libertada[1].

Há certas narrativas secundárias que, além de romperem o fio da narrativa principal, têm uma outra função, constituem o que chamaremos de encaixe, traduzindo a expressão *mise en abyme* como o fez Affonso Romano de Sant'anna ao analisar *A Moreninha*[2].

Jean Ricardou, em *Le nouveau roman*, mostra que a *mise en abyme* consiste na colocação, no interior da narrativa, de

---

1. M. Proust, *Contre Sainte-Beuve* précédé de *Pastiches et mélanges et suivi de Essais et articles et Nouveaux mélanges*, p. 211. Tradução livre.
2. A. R. de Sant'anna, A Moreninha, *Análise Estrutural de Romances Brasileiros*, p. 96.

outra menor, que possuindo elementos analógicos com a macronarrativa reflete-a, resumindo-a e sublinhando-a[3].

Comentando seu emprego, cita Victor Hugo, o qual, em *William Shakespeare*, mostra como é uma constante do teatro de Shakespeare, em que 34 entre 36 peças apresentam duplicação da ação principal.

Hugo, segundo Ricardou, chama estes reflexos da obra, dentro da obra, de luas e aponta o fato de caracterizarem a arte do século XVI, que tem especial interesse pelos espelhos.

Mas o próprio Ricardou constata que esta técnica não se limita à literatura barroca, estudando, em *Problèmes du nouveau roman*, o emprego do encaixe em narrativas tão afastadas no tempo como o mito de Édipo, *The Fall of the House of Usher*, de Poe, e *Heinrich Von Ofterdingen*, de Novalis.

Jean Verrier, em *O Relato Refletido*, analisa o mesmo processo em *La peau de chagrin* (A Pele de Onagro), mostrando que Balzac, embora sem se preocupar em produzir um efeito sobre o leitor e sem contestar as formas tradicionais, reflete no próprio romance os problemas de sua gênese. A pele de onagro seria, para Balzac, o talismã, símbolo do poder do artista de trazer para dentro de seu cérebro o universo reduzido, abolindo as leis do espaço e do tempo[4].

É bastante conhecido o emprego desse processo narrativo no *nouveau roman* (novo romance) e, de sua análise, nas obras de Robbe-Grillet, Pinget, Butor, Claude Simon, surgiram os ensaios de Ricardou. Entretanto, Ricardou e Verrier concordam que Gide foi, na literatura contemporânea, o seu renovador e incentivador.

Gide faz do encaixe o foco central de *Les faux monnayeurs* (Os Moedeiros Falsos), no qual coloca um romancista que escreve um romance cujo tema é a própria história

---

3. J. Ricardou, Le récit abymé, *Le nouveau roman*, p. 47-50.
4. J. Verrier, O Relato Refletido, em R. Barthes et alii, *Ensaios de Semiótica Narrativa*, p. 33.

apresentada na narrativa maior e cujos processos técnicos, os mesmos do romance, são, deste modo, sublinhados. Desde *Paludes*, Gide ambicionava apresentar, numa mesma obra, a narrativa e seu comentário. Entretanto, embora já tivesse definido a *mise en abyme* em seu diário, em 1893, comparando-a aos recursos usados na pintura e na heráldica, só a pôs em prática, realmente, em 1925, em *Les faux monnayeurs*.

Gide observa que certos pintores do século XVI e XVII, como Jan van Eick, Quentin Metzys, Memling e Velásquez, alargam e aprofundam suas telas por meio de espelhos.

Os quadros de Metzys, *O Banqueiro e Sua Mulher*, e de Velázquez, *As Meninas*, parecem-nos bons exemplos dos dois aspectos cujo o encaixe pode apresentar, também, na literatura. Gide, embora observe que seus processos são diferentes, não determina em que consiste esta diferença, que, para o estudo do encaixe, é de suma importância.

No quadro de Quentin Metzys – que se encontra no museu do Louvre e que Proust e Gide conheciam –, um pequeno espelho, colocado na parte inferior do mesmo, mostra um personagem perto de uma janela fronteiriça à cena principal, que não poderia, sem este recurso, aparecer na tela. Aqui, o que importa é o fato de que o espelho dá ao quadro uma dimensão cuja técnica tradicional não lhe permitiria ter. Este processo equivale, na literatura, aos encaixes de natureza temática que, introduzindo no presente o passado ou o futuro, tendem a anular a dimensão temporal da narrativa.

No quadro *As Meninas*, Velázquez põe a cena que está pintando no centro da tela ao fundo. É o retrato do rei e da rainha refletido em um pequeno espelho, que se apresenta vago e esfumado, pois o artista pretende, pelo emprego de um espelho maior, mostrar as circunstâncias que envolvem a pintura do retrato: o próprio pintor, os personagens que assistem ao ato da pintura, a infanta Margarida, suas "meninas", a "dueña", os anões, o cachorro, e, bem no fundo, um personagem do palácio, talvez parente do pintor.

O mais importante não é a cena que Velázquez está pintando, mas o pintor, o ato de pintar, e as circunstâncias que o rodeiam, inclusive as cópias dos quadros de Rubens e de outros pintores pendurados nas paredes da sala, constituindo o que poderíamos chamar de intertextualidade pictórica. O processo empregado por Velázquez corresponde, em termos de literatura, ao encaixe que, colocando a história praticamente entre parênteses, reflete o próprio discurso, comentando-o.

Este segundo aspecto reveste-se de originalidade, pois ilustra a nova tendência da literatura que, a partir de Proust e Gide, apresenta, simultaneamente, no romance, o autor e o crítico, a teoria e sua aplicação, a narrativa e sua gênese, que Joyce levaria ao extremo em *Finnegan's Wake*, e que o *nouveau roman* retomaria.

Ao analisar os encaixes-reflexos, pretendemos fazer uma distinção entre os segmentos do texto que remetem ao significado, enfatizando certos aspectos da história, e outros que, funcionando como reflexos do significante, põem em evidência os processos de realização do romance.

O Nível do Significado ou o Reflexo da História

> *Fora, as coisas também pareciam imobilizadas em muda atenção, para não perturbarem o luar, que duplicava e recuava os objetos ao estender-lhes à frente a respectiva sombra, mais densa e concreta do que eles próprios, e assim adelgaçava e ao mesmo tempo ampliava a paisagem como um mapa dobrado que se desenrolasse*[5].

Platão, na *República*, pela metáfora do espelho, ilustra sua concepção da criação artística quando diz que tudo pode ser criado através de seu reflexo num espelho e, se pegarmos um espelho e o virarmos para todos os lados, em um

---

5. M. Proust, *No Caminho de Swann*, p. 35; RTP, v. I, p. 32.

instante faremos o sol, os astros do céu, a terra, a nós mesmos e os outros animais, os móveis e todas as coisas[6].

A imagem do espelho é muito usada na literatura, sendo muito citada a afirmação de Stendhal em uma epígrafe ao capítulo XIII do primeiro livro e comentada no segundo livro de *Vermelho e o Negro*: "Um romance é um espelho que se leva ao longo de uma estrada". Entretanto, Proust acha que o artista não deve contentar-se em segurar o espelho:

> Se tivesse percebido antes que não é o mais espirituoso, mais instruído, melhor relacionado, mas quem se sabe tornar um espelho e refletir assim a própria vida, acanhada embora, que chega a ser um Bergotte [...] teria verificado que o mesmo se dá e mais justamente, com os modelos dos artistas[7].

É justamente aí que reside a distinção entre a literatura realista, que pretende manter-se objetiva e distante, e a nova tendência que Proust inaugura, na qual predomina o subjetivismo.

Os encaixes, espelhos em que a narrativa se reflete, representam, na *Recherche*, o artista que faz refletir, no romance, sua própria visão do mundo.

São inúmeros os textos em que Proust insiste no fato de que cada ser vê o mundo à sua maneira. Por outro lado, as coisas e os seres se multiplicam indefinidamente ao serem abordados e – como no conhecido episódio do beijo que o narrador quer dar em Albertine – escapam àquele que tenta captá-los. Nisto baseia-se justamente a dificuldade da apreensão do real. Tudo no mundo, as coisas e os seres, sofre a marca do tempo e das circunstâncias que o transformam em um permanente devir. O tempo não pára e arrasta-nos para a morte. A multiplicação dos encaixes, como espelhos, teria na *Recherche* a função de mostrar a multiplicação da realidade por meio dos pontos de vista pelos quais é abordada, produzindo a vertigem

---

6. Platão, *Ouvres complètes*, v. 10, p. 85.
7. M. Proust, *O Tempo Redescoberto*, p. 18; RTP, v. III, p. 722.

experimentada pelo narrador que ao despertar, incapaz de situar-se no tempo e no espaço, sente o mundo girar ao seu redor. A imagem do caleidoscópio, empregada por Proust em vários trechos do romance, reflete a transformação que as circunstâncias provocam na abordagem da realidade.

Mas, neste mundo aparentemente fechado, o narrador, intermediário do autor, encontra uma saída por meio da arte. Por esta, que, para Proust, consiste numa interpretação própria e original da realidade, o artista consegue captar o seu aspecto fugidio, fixando-o no espaço de sua obra.

Se a arte é o reflexo da realidade sobre um espelho que, segundo Proust, é o próprio artista, não nos é difícil chegar à conclusão de que, pelo processo do encaixe, o autor ilustra a sua presença constante no romance, no qual reproduz uma realidade refletida em seu espírito.

A idéia da utilização da técnica do encaixe-reflexo, assim como a elaboração do plano de seu romance, deve ter sido sugerida a Proust pela leitura de *Wilhelm Meister* e de outros romances de Goethe, sobre os quais escreveu durante a época de gestação do romance, dizendo que

o mundo está bastante arrumado nesses romances como um teatro de fantoches pois sente-se que Goethe segura, com um objetivo misterioso, o fio que os dirige. No interior da narrativa há uma outra narrativa contada por um personagem e interrompida pela narrativa verdadeira, os personagens aparecem no começo da história para voltarem no fim ou em um ou dois pontos do drama, enfim diversos incidentes são presságios do que vai acontecer[8].

Esta observação, que já fizemos em 1971 por ocasião do centenário do nascimento do romancista, em conferência pronunciada na Maison de France, no Rio de Janeiro, sob o título *A Poética de Proust*, parece-nos capital para estudar uma obra tão bem arquitetada como a *Recherche*,

---

8. M. Proust, Sur Goethe, *Contre Sainte-Beuve précédé de Pastiches et mélanges et suivi de Essais et articles et Nouveaux mélanges*, p. 649.

onde as partes se ajustam umas às outras como as peças de um quebra-cabeça.

Na *Recherche*, o encaixe não se limita a refletir a história, mas, multiplicando-se num verdadeiro jogo de espelhos, reflete também os personagens e o próprio discurso. Por esta multiplicidade com que se apresenta, o encaixe adquire um alcance muito vasto, pois representa não só a abolição do tempo, porém também o espírito do autor, encerrado dentro da obra, que é o seu próprio reflexo.

Dentro do eu encaixam-se todos os eus do passado que, por sua vez, se inserem na narrativa. Na *Recherche*, o tempo que parecia perdido é reencontrado e se eterniza, reduzido ao espaço do romance como "toda Combray e seus arredores, tudo isso que toma forma e solidez, saiu, cidade e jardins, da minha taça de chá"[9].

Como dissemos acima, trataremos não apenas dos encaixes de natureza temática, mas também daqueles que, refletindo o discurso, são como núcleos onde se concentra, refletida, a totalidade da obra ou um aspecto da sua estrutura.

Muitas vezes, entretanto, passaremos de um nível a outro, pois Barthes afirma que "compreender uma narrativa não é só seguir o desenrolar da história, é também reconhecer nela certas camadas, projetar os encadeamentos horizontais do fio narrativo sobre um eixo implicitamente vertical, ler (escutar) um texto, não é somente passar de uma palavra à outra; é passar de um nível a outro"[10].

Ao tratar desse tema, é importante mencionar como Curtius observa e mostra a solidez da estrutura da *Recherche*, verdadeiro mundo onde todas as coisas se relacionam e remetem umas às outras, dizendo:

na mais sutil das análises particulares, sente-se sempre a relação que mantém com a infinita melodia do todo. Isto é o que salva

---

9. Idem, *No Caminho de Swann*, p. 47; RTP, v. I, p. 48.
10. R. Barthes, Introduction à l'analyse structurale des récits, *Communication 8*, p. 5.

Proust de afundar-se na pintura de miniaturas idílicas ou na sutileza preciosa. No microcosmo de uma impressão particular reproduzida em toda a sua singularidade, apreciamos a referência ao macrocosmo da totalidade espiritual. Este reflexo dá à arte de Proust sua profundidade e sua grandeza [11].

Além da narrativa, estudaremos os nomes e as sensações.

A Narrativa

O passado existe dentro da memória e são provas disso as lembranças que, na inconsciência do sono, voltam ao espírito do narrador, no prólogo. Por meio da memória encaixam-se, reduzidos, em sua mente, todos os fatos marcantes de sua vida. A memória é a primeira prova de que o passado não está morto, mas vive dentro do espírito.

Como a memória contém, dentro de si, o passado; o espírito contém a realidade que o artista transpõe na obra de arte, fixando o tempo dentro do espaço de um poema, de um romance, de um quadro, ou de uma peça musical.

O encaixe é a materialização deste processo que, na *Recherche*, corresponde à seguinte fórmula: Tempo : Arte : : Encaixe : Romance.

Os encaixes de natureza temática têm, como principal finalidade, a abolição do tempo do qual o artista se liberta por meio da arte. Como criador, conhece toda a história e pode, no presente, encaixar o passado ou o futuro, dando uma profundidade extraordinária aos seres que evoca:

E, sem dúvida, todos esses planos diferentes, segundo os quais o Tempo, desde que, nesta festa, eu o recapturara, dispunha a minha vida, aconselhando-me a recorrer, para narrar qualquer existência humana, não à psicologia plana em regra usada, mas a uma espécie de psicologia no espaço, acrescentavam nova beleza às ressurreições por minha memória operadas enquanto devaneava a sós na biblioteca, pois a memória, pela introdução na atualidade do passado

---

11. E. R. Curtius, *Marcel Proust y Paul Valéry*, p. 122.

intacto, tal qual fora quando era presente, suprime precisamente a grande dimensão do Tempo, a que permite à vida realizar-se[12].

Na *Recherche*, encontramos muitos encaixes de natureza temática que funcionam como espelhos, ampliando a visão apresentada. Os encaixes não são muito evidentes na *Recherche*, pois aparentemente não há mudança de nível narrativo. É sempre o narrador que monopoliza a narração, seja para simplificar, economizando um nível narrativo (uma das razões que Genette aponta para a narrativa pseudo-diegética), seja para mostrar que é o único intermediário entre a realidade, a história e o leitor, pois é o senhor absoluto do discurso[13]. Genette aponta "Un amour de Swann" como o caso mais típico de narrativa metadiegética em seu princípio, mas que o narrador conta em seu próprio nome[14].

"Un amour de Swann" já foi estudado, desse ponto de vista, por Germaine Brée[15], Richard Macksey[16] e Jean-Yves Tadié[17].

A analogia entre Swann e Marcel já foi muitas vezes apontada, enfatizando-se o fato de aquele ser uma fotografia em negativo deste. O pequeno núcleo Verdurin corresponde aos salões mundanos que o narrador freqüenta, assim como seu amor por Albertine é anunciado pelo de Swann por Odette. Entretanto, Swann contenta-se com Odette e o mundo, ignorando o apelo da *Sonata de Vinteuil*, que passa a ser apenas o "hino nacional do seu amor", enquanto o protagonista da *Recherche*, com a fuga

---

12. M. Proust, *O Tempo Redescoberto*, p. 239; RTP, v. III, p. 1031.
13. G. Genette, Discours du récit, *Figures III*, p. 250.
14. Genette classifica "diegética" como a primeira narrativa feita diretamente pelo narrador e, de "metadiegética", a narrativa contida na primeira, isto é, num segundo nível narrativo, como acontece com *Um Amor de Swann*. Cf. essa classificação em *Figures II*, p. 202.
15. G. Brée, *Du temps perdu au temps retrouvé*.
16. R. Macksey, *The Architecture of Time*: dialectics and structure, p. 104-121.
17. J.-Y. Tadié, *Proust et le roman*.

e a morte de Albertine, encontra, no *Septeto de Vinteuil*, o caminho para a arte, na qual se realiza. E Swann, um celibatário da arte, opõe-se frontalmente ao narrador, que é um artista. Embora tendo tido as mesmas oportunidades, cada um seguiu um rumo diferente. E o narrador sublinha esse contraste em *O Tempo Redescoberto*:

> Tornando a pensar na alegria extratemporal determinada, já pelo tilintar da colher, já pelo sabor do bolinho, dizia de mim para mim: "Seria esta a felicidade sugerida pela frase da Sonata a Swann, que errou assimilando-a ao prazer amoroso, e não a soube encontrar na criação artística; a felicidade que ainda mais do que a frase da sonata, me fez pressentir supraterrestre o apelo rubro e misterioso do septeto que Swann não chegou a conhecer, tendo morrido, como tantos outros, antes de ser revelada a verdade para ele feita?" Aliás de nada lhe valeria a frase, já que podia simbolizar um apelo mas não suscitar forças e transformá-lo no escritor que não era[18].

Assim Swann reflete, num espelho, a imagem invertida do narrador.

Em toda a *Recherche* as rupturas do tempo da história são freqüentes e sente-se que o narrador o faz deliberadamente, pois o efeito obtido, por meio destas anacronias, é a abolição do tempo. Assim, o narrador, falando do drama da hora de ir deitar, alude à sua própria angústia futura quando separado de Albertine e ao sofrimento passado de Swann à procura de Odette. Pela introdução, no presente, do futuro e do passado, o autor consegue anular o tempo.

Um exemplo do entrelaçamento do presente e do passado como uma alusão ao futuro é a cena em que o narrador, acompanhado de Andrée, em Balbec, vê um ramo de *aubépines* já sem flores. Lembra-se então de seus passeios, na infância, em Combray, e compara as flores às mocinhas despreocupadas, vaidosas e piedosas como, ao ver

---

18. M. Proust, *O Tempo Redescoberto*, p. 128-129; RTP, v. III, p. 877-878.

as flores, no célebre episódio de Combray, pensara numa "donzela vestida para uma festa"[19]. Estabelece, diante do arbusto, a relação: Gilberte : amor por moças : : espinheiros : amor por flores. "E no entanto, como Gilberta fora o meu primeiro amor como menina, tinham elas sido o meu primeiro amor como flor"[20].

Gilberte, como as flores, há muito tempo desaparecera de seu pensamento, mas como as flores voltaram, Gilberte também voltaria, sempre jovem, vivendo o episódio idílico de Combray, no romance.

O episódio da *madeleine* é uma prefiguração das várias impressões de memória involuntária, que levarão o narrador à descoberta final na *matinée* da princesa de Guermantes.

É preciso mostrar também que não só as narrativas propriamente ditas funcionam como espelhos, dando profundidade ao romance. Os livros de cabeceira dos personagens contribuem para revelá-los. E os nomes e as sensações funcionam também como encaixes-reflexos.

Os Nomes

> *aquilo a que minha imaginação aspirava e que meus sentidos só percebiam no presente de modo incompleto e sem prazer nenhum, eu o havia encerrado no refúgio dos nomes; e como eu ali acumulara sonho, esses nomes imantavam agora os meus desejos*[21].

Entre os encaixes de natureza temática, é preciso dar um destaque especial aos nomes. Pelo seu alto teor de conotação, os nomes introduzem, na vida do narrador, desde a infância, um mundo com o qual ele sonha antes de conhecê-lo ou que mais tarde lhe traz imagens de seres ou

---

19. Idem, *No Caminho de Swann*, p. 23; idem, v. I, p. 140.
20. Idem, *À Sombra das Raparigas em Flor*, p. 296; idem, p. 922.
21. Idem, *No Caminho de Swann*, p. 321-322; idem, p. 389.

lugares distantes. Os nomes funcionam como um encaixe espacial, pois, por meio da imaginação, o narrador consegue introduzir, no espaço em que se encontra, um lugar ou um ser. O devaneio interioriza nos nomes uma realidade muito mais ampla, impossível de captar pela ação. Os nomes não são mais que uma imagem da própria obra, em que os personagens e os cenários onde vivem possuem uma dimensão muito mais ampla do que o espaço limitado do livro que os contém.

Incapaz de realizar-se pela ação, o narrador sempre viveu pela imaginação. E os nomes com que sonhava passaram a corresponder aos refúgios em que se escondia. O quarto, os cantos da casa e do jardim são os refúgios da imaginação que, por sua vez, encerra as coisas nos refúgios dos nomes.

Notamos uma ênfase dada ao aspecto do encaixe do nome quando o narrador escreve:

> Depois aconteceu que uma simples variação atmosférica bastava para provocar em mim essa modulação sem que houvesse necessidade de aguardar o retorno de uma estação do ano. Pois muitas vezes encontramos perdido em uma delas um dia de outra estação, à qual nos transporta e cujos prazeres particulares nos evoca e faz desejar, e nos vem interromper os sonhos que formávamos, colocando, aquém ou além do seu lugar, no calendário interpolado da Felicidade, essa folha arrancada de um outro capítulo. Mas em breve... Para fazê-los renascer, bastava-me pronunciar estes nomes: Balbec, Veneza, Florença, no interior dos quais acabara por se acumular o desejo que me haviam inspirado os lugares que eles designavam. Mesmo na primavera, encontrar nalgum livro o nome de Balbec era o suficiente para me despertar o desejo das tempestades e do gótico normando; mesmo num dia de tempestade, o nome de Florença ou de Veneza me dava o desejo do sol, dos lírios, do palácio dos Doges e de Santa-Maria-das-Flores[22].

É esse exatamente o sistema de conotação que consiste, na realidade, num encaixe. Barthes explica que um

---

22. Idem, p. 319-320; idem, p. 386-387.

"sistema conotado é um sistema cujo plano de expressão é, ele próprio, constituído por um sistema de significação"[23]. Em outras palavras, dentro do significado encaixa-se um segundo significado, que é a conotação.

Corroborando nossa observação, encontramos sua afirmação de que o nome próprio, na *Recherche*, contém em si uma pequena narrativa e de que praticamente todo o romance saiu de alguns nomes que se oferecem a uma catálise extremamente rica[24].

Permitimo-nos acrescentar que toda a *Recherche* se origina de um processo equivalente ao dos nomes, pois estes se encaixam na vida do narrador do mesmo modo que toda essa vida se encaixa em seu cérebro pela memória e, em seu livro, pela arte.

Os nomes são equivalentes aos lugares e aos seres, e sua expressão basta para inseri-los na vida do narrador. Quando Gilberte o chama, pela primeira vez, pelo nome de batismo, a emoção que ele experimenta, reforçada pela imaginação, corresponde a uma sensação muito mais forte do que a sugerida pelos fatos reais:

ela sorriu e, compondo, construindo uma frase como essas que nas gramáticas estrangeiras não têm outro fim senão fazer-nos empregar uma palavra nova, rematou-a com o meu primeiro nome. E recordando-me mais tarde do que então sentira, discerni a impressão de ter eu próprio estado em sua boca por um instante, desnudo, sem mais nenhuma das modalidades que também pertenciam a outros camaradas seus[25]

A captação, impossível pela ação, realiza-se por meio do nome, pela imaginação que incorpora nele os lugares e os seres.

---

23. R. Barthes, Eléments de sémiologie, in *Le degré zero de l'ecriture suivi de Eléments de sémiologie*, p. 163-167.
24. Idem, Proust et les noms, *To honor Roman Jakobson*, p. 154.
25. M. Proust, *No Caminho de Swann*, p. 333; RTP, v. I, p. 403-404.

No nome de Balbec, como no vidro de aumento das canetas que a gente compra de lembrança nas praias, eu percebia vagas alvorotadas em torno de uma igreja de estilo persa[26].

Esse nome de Gilberta passou por mim, evocando tanto mais a existência daquela a quem designava, visto que não a nomeava apenas como a um ausente de quem se fala, mas interpelava-a; também passou por mim em ação, por assim dizer, com uma força acrescida pela curva da sua trajetória e a proximidade de seu objetivo; – transportando consigo, eu o sentia, o conhecimento, as noções que tinha daquela a quem era dirigido, não eu, mas a amiga que a chamava, tudo o que, enquanto o pronunciava, ela revia, ou pelo menos possuía na memória, da sua intimidade cotidiana, das visitas que trocavam, de todo aquele desconhecido ainda mais inacessível e doloroso para mim por ser tão familiar e manejável para aquela feliz criatura, que com ele me tocava sem que eu lhe pudesse penetrar e que o lançava em pleno ar, num grito[27].

A frase antológica de Proust, "O amor é o espaço e o tempo tornados sensíveis ao coração"[28], é a tradução do encaixe, ao nível do significado, pois "tornar sensível ao coração" significa fazer algo penetrar no coração, incorporá-lo à sua sensibilidade.

Albertine, ativando a afetividade do narrador, fizera captar por ele não só a si mesma, mas os lugares em que ele a vira ou pensara nela:

Quantas pessoas, quantos lugares (mesmo os que não lhe concerniam diretamente, vagos lugares de prazer onde ela o tivesse podido gozar), quantos meios (onde há muita gente, onde somos acotovelados) Albertine – como uma pessoa que chega com um grupo de amigos, toda uma comitiva, à porta de um teatro, e falando ao porteiro obtém que eles entrem – fizera passar do limiar de minha imaginação ou de minha memória, onde não me despertavam nenhum interesse, para dentro do meu coração[29].

---

26. Idem, p. 322; idem, p. 389.
27. Idem, 325-326; idem, p. 394.
28. Idem, *A Prisioneira*, p. 330; RTP, v. III, p. 386.
29. Idem, ibidem.

As Sensações

Se os nomes funcionam como um encaixe espacial capaz de transportar para dentro do narrador as pessoas e os lugares, as sensações funcionam como um encaixe temporal, trazendo para o presente os fatos do passado.

Assim, a "gotinha impalpável do chá de tília" contém o "edifício imenso da recordação"[30], e um tropeção em um paralelepípedo do pátio dos Guermantes evoca "um azul intenso"[31] e as emoções sentidas na visita a Veneza.

Ao ouvir a pequena frase da *Sonata de Vinteuil*, depois de seu romance ter acabado, Swann recorda-se perfeitamente de Odette: "Mas de súbito foi como se ela tivesse entrado, e essa aparição lhe foi uma dor tão dilacerante que ele teve de levar a mão ao peito"[32].

O choque de uma colher contra um pires invade o narrador com uma felicidade extraordinária:

Invadiu-me um bem-estar do mesmo gênero do causado pelas pedras irregulares; às sensações também ainda frescas, mas muito diversas, misturava-se agora um cheiro de fumaça, abrandado pelos eflúvios de uma paisagem silvestre; e, no que me parecia tão agradável, reconheci o mesmo renque de árvores que me entediara observar e descrever, em frente ao qual, abrindo a caneca de cerveja que levava no vagão, cri um instante, numa espécie de vertigem, ainda estar, tanto o ruído idêntico da colher esbarrando no prato me dera, antes de cair em mim, a ilusão do martelo de um empregado que consertara alguma coisa numa roda do trem quando paramos na orla da pequena mata[33].

A sensação provocada pelo guardanapo engomado contra os lábios do narrador leva-o a constatar a subjetividade da lembrança e a nos dar, enfim, o segredo de sua arte:

---

30. Idem, *No Caminho de Swann*, p. 47; idem, v. I, p. 47
31. Idem, *O Tempo Redescoberto*, p. 121; idem, v. III, p. 867.
32. Idem, *No Caminho de Swann*, p. 287; idem, v. I, p. 345.
33. Idem, *O Tempo Redescoberto*, p. 122; idem, v. III, p. 868.

o gesto, o mais simples ato era encerrado como em mil vasos fechados, dos quais cada um contivesse uma substância de cor, cheiro e temperatura absolutamente diversas; sem contar que esses vasos, dispostos ao longo de muitos anos durante os quais não cessáramos de mudar, ao menos de sonhos e idéias, situam-se em altitudes diferentes e nos fornecem sensações de atmosfera extremamente várias[34].

Consideramos as impressões de memória involuntária como encaixes predominantemente temporais, porque embora elas evoquem lugares, estes são a forma pela qual o tempo se concretiza. Na *Recherche*, o tempo é sempre representado sob a forma de espaço, e a imagística de continente e conteúdo do texto acima reforça a nossa tese sobre a essência do romance: uma visão da realidade encaixada, como o tempo, os lugares, as pessoas, no íntimo do artista que a reflete, como um espelho.

Os Anagramas

O anagrama consiste numa palavra resultante da transposição de letras de outra palavra.

Observamos, na *Recherche*, que certas palavras que designam idéias importantes e, sobretudo, certos nomes, têm seus elementos fônicos dispersos no contexto, funcionando como ecos ou pequenos espelhos que repetem a palavra principal, reforçando seu significado.

Não acreditamos que a freqüência da aliteração e do anagrama seja fortuita na *Recherche*, mas pensamos que obedece à lei do encaixe, constante na escritura proustiana.

Nos *Cahiers d'Anagrammes* (Cadernos de Anagramas), comentados por Jean Starobinski, Saussure mostra que, na poesia e na prosa latina, a aliteração não é obra do acaso, mas baseia-se numa duplicação consciente e calculada. Conclui, então, que o poeta emprega, no verso ou na frase, o material fônico fornecido por uma palavra-tema e explica que este tema – escolhido por ele mesmo ou fornecido

---

34. Idem, p. 123; idem, p. 870.

por quem encomendou a inscrição – só é composto de algumas palavras, ou unicamente de nomes próprios ou de um ou dois nomes ligados à parte inevitável dos nomes próprios.

Diz que Saussure chama de *palavra-tema*, e mais tarde de *hipograma*, a palavra cujas sonoridades são retomadas no contexto. Também emprega as expressões *locus princeps* e *manequin* para indicar uma seqüência de palavras, concentrada e delimitada, que se pode considerar como lugar especialmente dedicado a esse nome.

Starobinski conclui no artigo sobre os anagramas de Saussure que

todo discurso é um conjunto que se presta ao estabelecimento de um subconjunto, o qual pode ser interpretado como conteúdo latente ou a infra-estrutura do conjunto, ou como o antecedente do conjunto e que isso leva a indagar se, reciprocamente, todo discurso que tenha provisoriamente um estatuto de conjunto não pode também ser visto como o subconjunto de uma "totalidade" ainda não reconhecida. Todo texto engloba, e é englobado. Todo texto é um produto produtivo[35].

É a partir dessa observação que consideramos a palavra-tema (ou matriz poética[36], como a chama Jean Milly) como um encaixe às avessas, isto é, a caixa que contém os outros elementos da frase. Os anagramas e a palavra-tema reproduzem, no microcosmo da frase, as mesmas relações que a narrativa encaixada mantém com a narrativa principal. Estabelecendo um paralelismo, poderíamos dizer que o anagrama está para a frase como a narrativa encaixada está para o principal (a : F : : n : N). Por outro lado, também a palavra tema está para o anagrama como a narrativa principal está para a narrativa secundária (PT : a : : N : n). Assim como a narrativa principal encerra e anuncia a narrativa secundária, a palavra-tema encaixa os elementos fônicos

---

35. J. Starobinki, Le texte dans le texte. Extraits inédits des cahiers d'anagrammes de Ferdinand de Saussure, *Tel Quel n. 37*, p. 3-33.

36. J. Milly, *La phrase de Proust*, p. 86.

esparsos na frase e ilustra o princípio básico da captação da realidade que sustenta o romance.

Jean Milly, além de fazer uma análise minuciosa do ritmo, das imagens, da musicalidade e da sintaxe, aponta a freqüência dos anagramas na frase proustiana. Observa, com muita propriedade

> o destaque dado a certas palavras, através de sua posição na frase e de certa luz que as ilumina. Essa luz é um ritmo, um acento inseparável da personalidade mais íntima do artista e traduz-se pela correspondência ao nível fônico, de palavras aproximadas no desenvolvimento sintagmático do texto, mesmo que não estejam associadas em outro nível. É preciso observar que, muitas vezes, há uma relação independente do significado da frase que tem, como efeito: fazer com que seja percorrida por séries de ecos que reforçam a sua unidade; e provocar, graças à ilusão segundo a qual o significante e o significado mantêm, entre eles relações motivadas, relações de sentido entre palavras que não as têm, necessariamente, na linguagem denotativa. Essas relações vêm confirmar as que a sintaxe estabelece ou criar outras novas[37].

Também comenta o fato de que,

> aparentemente, o ritmo e o som são apanágios do discurso oral mas seus efeitos sobre o ouvinte apagam-se muito depressa devido à passagem rápida do tempo e à dispersão da atenção. No discurso escrito, esses efeitos não são anulados, mas pelo contrário, reforçados, como o provam as aliterações em todo tipo de escritura, pois toda leitura silenciosa é acompanhada de um esboço mental, se não físico, da articulação. Além disso, a escrita melhora os rendimentos dos efeitos fônicos. Assim a homofonia só é percebida, dentro de certos limites, no momento da percepção: o leitor pode voltar atrás e apreciar o efeito, em conjunto [...]. A leitura visual que abraça, com um só olhar, todo um campo do texto, permite freqüentemente, descobrir uma série de homofonias de um modo quase instantâneo. A vantagem da escrita é ainda maior para o anagrama que quase não se percebe na audição (mesmo se forem retomados fonemas e não letras da palavra-matriz) [...]. A tendência para o anagrama, na frase proustiana, manifesta-se

37. Idem, p. 16-17.

nos casos em que a palavra importante tem seus fonemas retomados de maneira completa e densa no contexto associado. A imagem desenvolve-se, então, simultaneamente, ao nível fônico e ao nível semântico e utiliza todas as possibilidades associativas da palavra-tema.

Proust não usa apenas nomes próprios ou seus determinantes como palavras-tema. Veremos, ao analisar o primeiro segmento do romance, como a palavra *temps* funciona como matriz poética.

Embora, segundo Saussure e Milly, não se possa afirmar que os anagramas obedecem a uma lei da retórica, pois eles parecem ser uma tendência da linguagem poética, no caso de Proust, a freqüência desse processo indica que é consciente. Milly diz que Proust não menciona, em nenhum texto, sua preocupação com os anagramas. Entretanto, parece-nos que o faz, implicitamente, quando fala do estilo de Bergotte:

> E tardei muito a descobrir que certas passagens da sua conversação... estavam em exata correspondência com os trechos de seus livros em que a forma se tornava tão poética e musical. Nesses momentos via ele, no que dizia, uma beleza plástica independente do significado das frases, e como a palavra humana está em relação com a alma, mas sem expressá-la como faz o estilo, Bergotte parecia falar quase independentemente do sentido, salmodiando certas frases, e, se perseguia através delas uma única imagem, enfiando-as sem intervalo como um mesmo som, com fatigante monotonia[38].

Milly não se engana quando atribui esses efeitos a uma tendência inconsciente nos poetas, mas parece-nos que Proust, que trabalhava tanto as suas frases, após dar-se conta do emprego involuntário dos anagramas, passou a fazê-lo conscientemente. Sua freqüência no romance, em que muitas vezes a escolha de uma palavra só se justifica pela sua sonoridade, parece corroborar nossa opinião. Assim, a

---

38. M. Proust, *À Sombra das Raparigas em Flor*, p. 97; RTP, v. I, p. 550.

homofonia transforma a palavra e seu sentido se adapta ao contexto, mesmo que originariamente haja discrepância.

Utilizando, como modelo, a análise feita por Jean Milly dos textos de Proust sobre a música de Wagner[39], examinaremos uma série limitada de frases que tomaremos como *locus princeps*. Trata-se da cena em que o narrador descreve a emoção que experimentou ao ouvir o nome de Gilberte. Mostraremos que essa palavra-tema é retomada por uma série de sons que repetem, como ecos, os sons do nome. Reforçando o caráter conotativo da mensagem, estabelecem uma corrente subterrânea que evoca as repercussões da sensação na alma do narrador.

Ainsi passa près de moi ce nom de Gilberte, donné comme un talisman qui me permettrait peut-être de retrouver celle dont il venait de faire une personne et qui, l'instant d'avant, n'était qu'une image incertaine. Ainsi passa-t-il, proféré au-dessus des jasmins et des giroflées, aigre et frais comme les gouttes de l'arrosoir vert, imprégnant, irisant la zone d'air qu'il avait traversée – et qu'il isolait – du mystère de la vie de celle qu'il désignait pour les êtres heureux qui vivaient, qui voyageaient avec elle, déployant sous l'épinier rose, à hauteur de mon épaule, la quintessence de leur familiarité, pour moi si douloureuse, avec elle, avec l'inconnu de sa vie où je n'entrerais pas[40].

---

39. J. Milly, op. cit., p. 67-73.
40. M. Proust, *RTP*, v. I, p. 142. Citamos o texto em francês porque nosso objetivo é mostrar as sonoridades que se disseminam no texto original. Tradução: "Assim passou junto a mim esse nome de Gilberta, oferecido como um talismã que me permitia talvez reencontrar um dia aquela da qual ele acabava de fazer uma pessoa e que, um momento antes, não era mais do que uma incerta imagem. Assim passou, proferido acima dos jasmins e dos goivos, brusco e fresco como as gotas da mangueira verde; impregnando, irisando a zona de ar puro que atravessara – e que isolava – com o mistério da vida daquela que ele designava para as felizes criaturas que viviam, que viajavam com ela; expandindo sob o espinheiro róseo, à altura de meu ombro, a quinta-essência da familiaridade deles, para mim tão dolorosa, com Gilberta, com o desconhecido da sua vida, onde eu não penetraria" (M. Proust, *No Caminho de Swann*, p. 124).

Todo o processo de conotação do nome de Gilberte é apresentado nesse contexto onde os sons [g], [i], [è], [t], [r] associam-se a outros significados, os quais se acrescentam à personalidade de Gilberte, que adquire, assim, os atributos dos "jasmins" e dos goivos (*giroflées*), sua frescura, sua beleza, seu perfume delicado. A cor "verde", que se associa ao nome por sua semelhança fônica, evoca a juventude, como símbolo do esplendor da natureza.

O grupo fônico e gráfico *ber* é uma constante nos nomes da *Recherche*, onde encontramos Gilberte, Albertine, Robert, Bergotte e Berma, que designam personagens de primeiro plano na vida do narrador, respectivamente a namorada, a amante, o melhor amigo, o escritor e a atriz, que lhe deram as primeiras emoções estéticas.

A coincidência da mesma sílaba interior seguida de [t] nos dois nomes, Gil*ber*te e Al*ber*tine, indica a afinidade entre os dois amores, pois o primeiro prefigura o segundo. O próprio narrador já insiste nesse entrelaçamento não só pela semelhança da forma, mas também pelas confusões que ocorrem, duas vezes, entre os dois nomes. Ao receber uma carta de Gilberte, Marcel mostra-a a Françoise, que toma a inicial de Gilberte por um *A*, o que prepara o malentendido posterior.

Quanto àquela carta que trazia embaixo um nome que Francisca não queria acreditar que fosse o de Gilberte porque o G̲ , muito adornado e apoiado num i̲ sem ponto parecia um A̲ e a última sílaba estava indefinidamente prolongada por um rendilhado rabisco [...][41].

Muito mais tarde, o narrador, em Veneza, recebe um telegrama que lhe dá a impressão de que Albertine não morreu, pois a assinatura, que é de Gilberte, pode ser interpretada como sendo a da jovem morta[42].

---

41. M. Proust, *À Sombra das Raparigas em Flor*, p. 58; RTP, v. I, p. 502.
42. RTP, v. III, p. 641.

Milly aponta a origem dos nomes em *ber*, na *Recherche*, em Sigebert, rei franco, avô da princesa cujo túmulo as crianças iam visitar, na cripta da igreja de Combray. Mas aventa a possibilidade de que ela provenha, para Proust, do nome de sua avó materna, Adèle *Bern*castel, tendo guardado assim uma profunda conotação afetiva[43].

O Nível do Significante ou o Reflexo do Discurso

Os Espelhos do Romance

Por meio de certos encaixes, nota-se uma relação com o discurso e a intenção do autor de explicar o mecanismo dos processos narrativos empregados no próprio romance.

A preocupação com a realidade e a sua captação traduz-se na abordagem desta sob múltiplos pontos de vista. A senhora Swann atravessa o romance desempenhando diversos papéis e causando impressões que variam segundo os espelhos em que se reflete. A cidade de Combray é um jardim encantado para o narrador, quando criança, mas não tem mais atrativos para o homem desiludido que a visita no limiar da velhice. Albertine varia de aspecto e de personalidade, segundo o meio que a cerca e o estado de espírito de Marcel.

Mas a verdadeira noção de cada ser e de cada coisa só é obtido mediante a análise da impressão que produz no íntimo do artista. Cada ser vê o mundo à sua maneira, mas somente os artistas sabem interpretar sua visão. A Albertine que Marcel, no romance, deseja possuir, capturar, fragmenta-se, quando ele vai beijá-la, em inúmeras Albertines.

naquele curto trajeto de meus lábios para a sua face foram dez Albertines que eu vi; como aquela única moça era uma deusa de

---

43. J. Milly, p. 87. Retomada do artigo Sur quelques noms proustiens, *Littérature n. 14*, p. 65-82.

várias cabeças, a que eu tinha visto por último, quando tentava aproximar-me dela, cedia lugar a outra mais[44].

Albertine adormecida, porém, dá ao narrador a sensação de sua posse:

> Fechando os olhos, perdendo a consciência, Albertina se despojara sucessivamente dos seus diferentes caracteres de humanidade que me haviam decepcionado desde o dia em que eu a conheci. Não estava animada senão da vida inconsciente dos vegetais, das árvores, vida mais diversa da minha, mais estranha, e que no entanto me pertencia mais. Seu eu não se escapava a todos os momentos, como quando conversávamos, pelas saídas do pensamento inconfessado e do olhar. Ela havia recolhido a si tudo dela que andava fora, estava toda ela refugiada, murada, resumida no seu corpo. Tendo-a sob meu olhar, nas minhas mãos, tinha eu o sentimento de a possuir por inteiro, o que não se dava quando ela estava acordada. Sua vida estava submetida a mim e para mim exalava o seu leve bafejo[45].

Albertine prisioneira é a própria realidade que o narrador consegue captar quando se afasta dela, quando, deixando de procurá-la fora de si mesmo, ele a traz para dentro de si.

Albertine está, no sono, como morta porque privada de ação, mas seu respirar, que o amante recolhe, é a prova de que vive "sa vie soumise" (sua vida submetida). Para Proust, é este sopro de vida que caracteriza a obra de arte. O artista deve surpreender, em cada ser, em cada coisa, aquilo que os distingue dos demais e provoca um eco, uma impressão profunda em sua alma. Esta impressão única e diferente para cada ser consiste na essência. E o artista é aquele que, segundo Proust, converte sua impressão em um equivalente espiritual.

O encaixe representa, no plano do discurso, esta realidade captada e aprisionada pelo artista na obra de arte.

---

44. M. Proust, *O Caminho de Guermantes*, p. 285; RTP, v. II, p. 365.
45. Idem, *A Prisioneira*, p. 53-54; idem, v. III, p. 70.

Ilustra o próprio processo geral de abordagem da história pelo romance que é sempre, na *Recherche*, o intermediário entre o seu mundo e o leitor. Como já comentamos anteriormente, o narrador assume toda a narrativa da qual se apresenta como o criador, já que a *Recherche* é a tradução pessoal e original de uma das infinitas possibilidades de interpretação que o real apresenta.

O encaixe-reflexo representa um corte na camada superficial da narrativa que nos permite a visão da camada profunda sobre a qual ela se assenta e onde reina a presença onitemporal e onisciente do narrador, *doublé* do autor.

Lembrando o comentário de Léo Spitzer sobre o parêntese ("o parêntese [diz ele] é um comentário à margem da narrativa, uma portinhola secreta pela qual o romancista examina sua ação e seus leitores, faz-lhes sinais, pisca-lhes o olho e pela qual o leitor também pode olhá-lo"[46]), podemos dizer que o encaixe-reflexo é o equivalente do parêntese no plano do discurso e, portanto, a porta de comunicação que se abre entre o artista e o leitor. Sabemos como o motivo da porta é constante na narrativa proustiana. Segundo Bachelard, a porta simboliza o meio de sair de si e se comunicar com os outros. No prólogo, ao lembrar-se dos quartos onde dormiu, o narrador alude às janelas e às portas. Quando menciona a lanterna mágica, insiste na maneira como esta se projeta sobre a maçaneta da porta. Talvez queira indicar que será pela imaginação, pela arte, que se comunicará de uma maneira positiva com o mundo. A porta que o pai mostra, orgulhoso, quando o menino e a mãe, ao voltarem do passeio, se sentem perdidos, prefigura a porta simbólica que dará acesso à arte em *O Tempo Redescoberto*: "bateu-se em todas as portas que a nada conduzem, e na única por onde se poderia entrar, e que se procuraria em vão durante cem anos, esbarra-se por acaso, e ela se abre"[47].

---

46. L. Spitzer, *Etudes de style*, p. 412-413.
47. M. Proust, *O Tempo Redescoberto*, p. 120; RTP, v. III, p. 866.

Também a porta que se vê nos quadros de Pieter de Hooch e que o narrador descreve quando Swann ouve a *Sonata de Vinteuil*, mostrando-lhe um mundo sobrenatural, simboliza o mundo das essências que a arte nos revela[48].

Depois da revelação da arte, o narrador pode voltar ao quarto que não é mais um lugar de angústia e solidão, mas o refúgio propício onde tirará, do mais profundo de seu ser, a obra que lhe vai servir de porta para comunicar-se com o mundo.

O encaixe materializa, neste nível, o desdobramento do texto que nos revela não só a camada superficial, mas as profundezas em que o texto se gerou e onde seu criador nos faz ver as peças de seu mecanismo.

É por meio dele que Proust inaugura o romance moderno, justapondo à narrativa o seu próprio comentário.

Na *Recherche*, numerosos trechos remetem ao próprio discurso e alguns deles já foram comentados por críticos como Poulet[49], que, em *L'espace proustien*, os chama de metáforas do romance. Destacam-se o episódio dos campanários de Martinville, a descrição dos reflexos da paisagem marinha nos vidros da estante do quarto do narrador em Balbec, ou ainda a análise dos quadros de Elstir e de sua técnica. Mas é preciso sublinhar que a *Recherche* contém dentro de si mesma o romance, a teoria do romance e a crítica do romance. A teoria é exposta de uma maneira explícita no *Temps retrouvé*, a crítica, esta se faz nos encaixes onde o artista desmonta o romance e mostra ao leitor como resolve os problemas que a recriação da realidade lhe apresenta. O que é exposto teoricamente em *O Tempo Redescoberto* é indicado no texto em que vemos a passagem da realidade bruta à realidade elaborada, isto é, recriada pelo estilo (Campanários de Martinville), a justaposição de cenas de toda uma vida em que o tempo é, como abolido, a metáfora que, chamando as coisas por outros nomes, es-

---

48. Idem, *No Caminho de Swann*, p. 86; idem, v. i, p. 218.
49. G. Poulet, *L'espace proustien*, p. 129.

tabelece a grande lei de analogia de Elstir, o fluxo de vida captado e fixado pela obra de arte, as transformações que a imaginação imprime ao real, a lanterna mágica.

Não podemos deixar de citar aqui um segmento que nos parece bastante revelador do mecanismo da escritura proustiana e da preocupação que nela transparece de chamar atenção sobre si mesma:

Dávamos alguns passos. E eu compreendia que era por si mesma que obedecia ela àqueles cânones segundo os quais se vestia, como a uma entidade superior de que fosse a grã-sacerdotisa: pois se lhe acontecia, devido ao calor, entreabrir ou mesmo despir e dar-me para carregar, a jaqueta que ela tencionara conservar fechada, descobria eu na blusinha mil pormenores de execução que tinham toda probabilidade de passar despercebidos como essas partes de orquestra a que o compositor emprestou todos os seus cuidados, embora jamais devam chegar aos ouvidos do público; ou nas mangas da jaqueta dobrada sobre o meu braço, eu via, olhava longamente por prazer ou por amabilidade, algum detalhe bizarro, uma faixa de matiz delicioso, uma cetineta malva habitualmente oculta aos olhos de todos, mas tão delicadamente trabalhados como as partes externas, como essas esculturas góticas de uma catedral dissimuladas no reverso de uma balaustrada, a oitenta pés de altura, tão perfeitas como os baixos-relevos do grande pórtico, mas que ninguém tinha percebido antes de que, ao acaso de uma viagem, algum artista, para dominar toda a cidade, obtivesse permissão de ir passear em pleno céu, entre as duas torres[50].

Os Livros Preferidos no Narrador

Jean Rousset, ao levantar alguns problemas de estrutura, na *Recherche*, aponta um aspecto que, a seu ver, ilustra a organização do universo proustiano e salienta seu significado, os livros de cabeceira dos personagens[51].

50. M. Proust, *À Sombra das Raparigas em Flor*, p. 168-169; RTP, v. I, p. 637-638.
51. J. Rousset, Problèmes de structure, *Entretiens sur Marcel Proust*, p. 197-200.

Não só o herói, Swann e Charlus, são concebidos em relação com a arte, mas também os coadjuvantes. A personalidade de muitos deles é refletida nos seus livros ou autores prediletos. Assim, o fato de Charlus ser um leitor assíduo de Balzac enfatiza o pecado de idolatria que aquele compartilha com o autor da *Comédie humaine*. O entusiasmo que o barão experimenta pela cena em que Vautrin, disfarçado de padre espanhol, contempla nostalgicamente a mansão de Rastignac[52] revela sua tendência homossexual. O interesse de Swann por Saint-Simon reflete seu esnobismo, a importância exagerada que atribui à vida mundana, abandonando por ela seus pendores para a arte.

A dedicação da mãe e da avó de Marcel é ilustrada por sua predileção por madame de Sévigné, mãe totalmente absorvida pelo amor que consagra à filha.

Quanto ao herói, Rousset assinala seus dois livros favoritos, *François le Champi*, de George Sand, e *As Mil e Uma Noites*. O primeiro, segundo o crítico, reflete, em "um espelho escondido", a ligação entre mãe e filho existente na *Recherche*. As relações entre *As Mil e Uma Noites* e o herói, assim como com o próprio romance, são numerosas. Por sua narrativa, o herói escapa ao esquecimento e à morte da mesma forma que Xerazade, contando histórias ao sultão. As metamorfoses que se observam, no romance, onde os seres e as coisas mudam segundo as situações e o olhar de quem os contempla, repetem as do livro oriental. Albertine prisioneira lembra as favoritas cativas ou Xerazade, que, embora presa, consegue, por suas artimanhas, comunicar-se com o exterior. O talismã de Aladim corresponde aos milagres que a memória involuntária opera no tempo e no espaço e o narrador tem, como o sultão, a capacidade de circular entre a multidão sem mostrar sua verdadeira personalidade. Enfim, a justaposição, no final do romance, dos "Contes arabes" e das *Mémoires de Saint-Simon* reflete a união das duas tendências que o narrador e seu sósia,

---

52. M. Proust, *Sodoma e Gomorra*, p. 354; RTP, v. II, p. 1050.

Swann, representam, a experiência do milagre interior e a vida em sociedade.

Orientados por essa exposição de um crítico tão esclarecido, gostaríamos de estabelecer uma classificação mais rigorosa quanto aos livros referentes ao herói. Distinguiremos, assim, aqueles que correspondem a Marcel, como homem, e os que correspondem ao narrador, como artista, os que refletem a vida e os que refletem a obra.

Os primeiros focalizam a formação da sensibilidade do narrador. A infância é marcada, segundo as observações muito pertinentes de Rousset citadas acima, pela leitura de *François le Champi*, que mostra sua natureza apaixonada; e das *Mil e Uma noites*, que exaltam sua imaginação. O fato de atribuir a Swann, e não ao narrador, o gosto por Saint-Simon parece indicar o interesse do autor em mostrar que a vida mundana não constitui um elemento essencial na evolução do narrador, mas uma etapa que, entretanto, poderia ser definitiva, como para Charlus e Swann, os "celibatários da arte".

Outras obras, porém, conduzem não apenas ao homem, mas ao criador e à gênese de sua criação.

No *Tempo Redescoberto*, ao expor as fundações estéticas que servem de alicerce à elaboração de seu romance, o narrador menciona três autores cujas obras apresentam relações de afinidade com a *Recherche* e que tiveram, sobre ela, uma influência definitiva: Chateaubriand, Nerval e Baudelaire.

O narrador declara que nas impressões de memória involuntária das *Mémoires d'outre-tombe*, de Chateaubriand, se encontra a origem do episódio da *madeleine*. Fontes semelhantes são apontadas também em Nerval e Baudelaire[53]. Aliás o primeiro fragmento da *Recherche* é uma reminiscência do início do segundo capítulo de *Sylvie* e as descrições do sonho no primeiro e terceiro capítulos de *Aurélia* são lembradas em vários trechos da *Recherche*.

---

53. Idem, *O Tempo Redescoberto*, p. 159; idem, v. III, p. 919-920.

Parece-me que, dessa forma, Proust teve a intenção de homenagear o escritor que tanto admirava.

Estranhamos que Rousset não faça alusão a esses espelhos do romance que, se não o são de uma forma total, revelam, entretanto, um de seus aspectos temáticos ou elementos de sua estrutura. Além deles, podemos também considerar *As Mil e Uma Noites* e *Mémoires de Saint-Simon* (Memórias de Saint-Simon), cuja afinidade com o romance Rousset já havia apontado sem, todavia, fazer uma distinção sistemática entre o que se refere ao herói e o que corresponde ao romance.

A estrutura das *Mil e Uma Noites*, livro constituído de várias histórias que se encaixam na de Xerazade, espelha, embora de uma maneira bem mais simples, a composição da *Recherche* em que o processo do encaixe é privilegiado. A concentração de toda a infância do narrador e de seu cenário dentro da xícara de chá de tília corresponderia a uma reminiscência da leitura da história de Aladim e de sua lâmpada maravilhosa em que se encaixa o gênio mágico portador de todas as felicidades da terra. As metamorfoses que se produzem no mundo mágico das *Mil e Uma Noites* são um reflexo da transformação que a imaginação e o talento do artista impõem à realidade e à sua vitória sobre a morte, representada pelas histórias que conta.

As *Memórias de Saint-Simon* não apontam somente as tendências mundanas transitórias do narrador, mas um dos aspectos marcantes do romance, embora o mais superficial, o retrato da vida frívola dos salões da *belle époque*.

6. O PODER ENCANTATÓRIO DA PALAVRA

> *Como se dá com um trecho de música que nos arrebatará, mas que ainda não distinguimos, eu nos primeiros dias não descobri o que tanto deveria amar em seu estilo[1].*

Para Proust, o poeta é aquele que tem, pela palavra, o poder de despertar belas adormecidas em nós[2].

Isso se aplica perfeitamente à sua arte que, quase sempre, desperta no leitor não apenas a compreensão do conteúdo explícito, mas a visão de uma outra realidade.

Os processos que o artista emprega mais freqüentemente para criar o clima poético são a conotação, as sinestesias, os anagramas e as metáforas.

---

1. M. Proust, *No Caminho de Swann*, p. 85; RTP, v. I, p. 93.
2. Idem, Contre l'obscurité, *Contre Sainte-Beuve précédé de Pastiches et mélanges et suivi de Essais et articles te Nouveaux mélanges*, p. 393.

A conotação, que consiste na presença de um segundo sentido dentro do sentido próprio da palavra, é a mola-mestra da escritura proustiana.

Ela não apenas se expressa na *Recherche* por meio dos nomes comuns, intencionalmente empregados por sua carga de polissemia, mas também nos nomes próprios.

Entre os nomes comuns, encontramos, por exemplo, a palavra *métempsycose*, que, colocada bem no centro do primeiro parágrafo da *Recherche* (167 palavras/ *métempsycose*/168 palavras), segmento inaugural do romance, que analisamos em "A Primeira Seqüência" no capítulo 9, é a palavra-chave para a leitura do texto, pois, além da posição que ocupa, contém encaixada a palavra *temps*. Como demonstrado na tese de doutorado sobre a técnica de encaixe na *Recherche*, a palavra *métempsycose*, não só pela forma, mas pelo seu próprio conteúdo semântico, significa a permanência do narrador no seu romance, pelo qual ele captura o tempo.

O nome próprio tem, muitas vezes no romance, a função de inserir, na banalidade da vida do narrador, uma pessoa ou um lugar com que ele sonha, e ilustra, ao mesmo tempo, o processo da conotação e o seu efeito.

Os nomes são equivalentes aos lugares e aos seres, e a sua simples menção basta para inseri-los na vida do narrador.

A imaginação do narrador incorpora neles os lugares e as pessoas cuja visita ou conhecimento antecipa e que decepcionam quando os encontra na realidade.

Na idade em que os Nomes, oferecendo-nos a imagem do incognoscível que neles vertemos, no mesmo instante em que também designam para nós um lugar real, obrigam-nos assim a identificar a ambos, a ponto de irmos procurar numa cidade uma alma que ela não pode conter, mas que já não temos o poder de expulsar do seu nome, não é apenas às cidades e aos rios que eles dão uma individualidade, como o fazem as pinturas alegóricas, não é apenas ao universo físico, que matizam de diferenças, que povoam de maravilhoso, é também ao universo social: então cada castelo, cada mansão ou palácio famoso tem a sua dama, ou a sua fada, como as florestas seus gênios, e suas divindades as águas. No entanto, a fada se esfuma se nos aproximamos da pessoa real a quem corresponde o seu nome, pois o nome começa então a refletir essa pessoa, e ela não contém coisa alguma de fada; pode a fada renascer se nos afastamos da pessoa; mas, se ficamos junto dela, a fada morre definitivamente, e com ela o nome, como aquela família de Lusignan que devia extinguir-se no dia em que desaparecesse a fada Melusina[3].

Como associa os sons estabelecendo sentidos latentes, Proust também associa as sensações pelo processo da sinestesia. Na descrição da emoção que o pequeno Marcel experimentou ao ouvir o nome de *Gilberte*, essa palavra é retomada por uma série de sons que repetem, como ecos, os sons do nome. Reforçando o caráter conotativo da mensagem, estabelece-se a contaminação de sentido geradora de poesia.

Este é um processo usado desde os romanos, como diz Saussure nos *Cahiers d'Anagrammes*[4], comentados por Jean Starobinski, mas é também de grande atualidade. Haja vista o título do livro de poemas do poeta Affonso Romano de Sant'Anna: *Catando os Cacos do Caos*[5]. Este foi, também, um processo constante na poesia concreta.

Mas é a metáfora a grande responsável pela atmosfera de encantamento que envolve a escritura proustiana. Ela consiste, para Proust, no verdadeiro processo da criação poética. O poeta é, segundo Proust, aquele cuja imaginação o faz ver o mundo de uma maneira original, permitindo-lhe estabelecer analogias.

Quando em Rivebelle, um pouco embriagado, o narrador imagina o restaurante como "uma abóbada celeste concebida segundo a ciência da Idade Média", diz:

E eu tinha certa pena de todos os fregueses porque sentia que para eles as mesas redondas não eram planetas e não haviam

---

3. Idem, *O Caminho de Guermantes*, p. 2; RTP, v. II, p. 10-11.
4. J. Starobinski, *Les anagrammes de Ferdinand de Saussure*, p. 31.
5. A. R. de Sant'anna, A Catedral de Colônia, *Poesia Reunida*, p. 64.

praticado nas coisas o seccionamento que nos desembaraça da sua aparência costumeira e nos permite descobrir analogias[6].

Como a lanterna mágica, a cujas projeções o pequeno Marcel assiste, transforma as paredes do quarto em vitrais vacilantes onde as velhas lendas fazem suas aparições multicores, assim a imaginação opera sobre o real.

É através da metáfora que o poeta esclarece uma realidade por meio de outra.

Quando o narrador, em *À Sombra das Raparigas em Flor*, visita o ateliê do pintor Elstir e contempla seus quadros, suas observações revelam-nos a própria essência do ato criador, dando à metáfora o papel dominante de elemento unificador.

Nesse segmento, tão importante quanto o dos campanários de Martinville e a descrição dos reflexos da paisagem marinha na estante envidraçada do quarto do narrador em Balbec, o artista, utilizando a técnica do encaixe (que eu chamei de "encaixe-reflexo" na minha tese), chama a atenção para o processo metafórico.

O narrador, ao descrever os quadros de Elstir, é o próprio crítico de Proust. Revela-nos o segredo da sua arte, que consiste na transformação, na recriação das coisas por meio da imaginação e, formalmente, pela metáfora. Sua imaginação não inventa, ela parte sempre do real e da experiência sensível. Diz:

> E o atelier de Elstir me apareceu como o laboratório de uma espécie de nova criação do mundo, onde do caos em que estão todas as coisas que vemos, ele havia tirado, pintando-os sobre diversos retângulos de tela que se achavam colocados em todos os sentidos, aqui uma vaga colérica batendo contra a areia a sua espuma lilás, acolá um jovem de linho branco, apoiado no convés de um barco. O casaco do jovem e a vaga espumejante tinham adquirido uma dignidade nova pelo fato de que continuavam a existir, embora já não fossem aquilo em que aparentemente

---

6. M. Proust, *À Sombra das Raparigas em Flor*, p. 307-308; RTP, v. I, p. 811.

consistiam, visto que a vaga não podia molhar, nem o casaco vestir ninguém[7].

A obra do artista consegue atingir a permanência das coisas e dos seres que pinta e, por meio deles, a sua própria. Como no poema de Keats, já mencionado neste livro, que mostra a beleza e o amor imortalizados numa antiga urna grega, o casaco do jovem e a onda do mar, perdendo sua função habitual, ascendem ao plano elevado da vida espiritual.

Para Proust, o mundo não foi criado uma só vez, mas todas as vezes que surge um grande artista.

O gênio, segundo ele, consiste justamente na capacidade de transposição e de transformação do real. Vendo os quadros de Elstir, o narrador pensa:

> Mas podia distinguir que o encanto de cada uma consistia numa espécie de metamorfose das coisas representadas, análoga à que em poesia se chama metáfora e que, se Deus pai havia criado as coisas nomeando-as, era tirando-lhes o nome ou dando-lhes um outro que Elstir as recriava [...]. Uma das metáforas mais freqüentes nas marinhas que tinha consigo naquele momento era justamente a que, comparando a terra ao mar, suprimia qualquer demarcação entre ambos[8].

Um exemplo, entre muitos, desse tipo de metáfora é a descrição do mar na manhã que se segue à chegada do narrador a Balbec, pela primeira vez. O mar é evocado em termos alpestres, sugerindo uma montanha de neve[9].

Proust, em sua tendência para a unidade, mostra os pontos comuns entre a literatura e a música ou a pintura e ora explica o estilo de um escritor em termos de música, ora o de um pintor em termos de literatura.

A imaginação é o agente transformador dos seres e das coisas, permitindo ao poeta estabelecer analogias

---

7. Idem, p. 326; idem, p. 834.
8. Idem, p. 326-327; idem, p. 835.
9. Idem, p. 195; idem, p. 672.

que se expressam por meio das conjunções comparativas, principalmente "como", de expressões como "dir-se-ia", "tal como se" e das metáforas.

A comparação pelo emprego de "como" é extremamente freqüente na *Recherche* e qualquer pessoa que aborda o romance percebe-o imediatamente: a obsessão de Swann por Odette é como uma dor de dentes que o impede de dormir, o campanário da igreja de Saint-Hilaire é como uma gaivota pousada na crista de uma onda, a música que o narrador ouve lhe abre mais amplamente a alma como certos perfumes de rosas dilatam as narinas.

Quando o narrador insere no texto a sua primeira composição literária – a descrição dos campanários de Martinville – após ter apresentado a realidade bruta que havia contemplado, temos, num encaixe-reflexo, a dramatização da criação proustiana[10].

À medida que os campanários, contemplados à distância de um carro em movimento, vão-se afastando, o narrador os vê transformarem-se, primeiro, em três pássaros pousados na planície, depois, em três pinos de ouro brilhando ao sol, e, enfim, em três moças de uma lenda, abandonadas na solidão do poente. E as comparações se fazem todas por intermédio de "como".

E isso se repete mais tarde, em Balbec, num passeio por Hudimesnil, quando ele vê três árvores que parecem guardar um segredo que ele não consegue desvendar e cuja descrição, como no caso dos campanários, encaixada na narrativa maior, contém um indício ao leitor sobre a gestação do romance[11].

Mas também a metáfora propriamente dita é muito freqüente na *Recherche*, exprimindo-se seja de forma desenvolvida como no episódio da *baignoire* (camarote) da princesa de Guermantes, ou simples, por meio de palavras ricas de significado.

---

10. Idem, *No Caminho de Swann*, p. 155-157; idem, p. 180-182.
11. Idem, *À Sombra das Raparigas em Flor*, p. 231-233; idem, p. 717-719.

Assim, a descrição do camarote da *Ópera*, em que se encontra a duquesa de Guermantes, é desencadeada pela primeira analogia sugerida pela palavra *baignoire* (camarote) e prossegue com expressões relativas à água, evocando um refúgio mitológico habitado por ninfas que rodeiam a princesa, a qual, como uma deusa, apóia-se num canapé vermelho, descrito como um rochedo de coral, enfeita-se com uma grande flor marinha e com uma rede adornada de conchinhas que lhe prende o cabelo[12].

Na tradução para o português, a palavra "camarote" faz com que se perca toda a conotação operadora da metáfora desenvolvida.

Aliás, este problema da tradução foi comentado por Roman Jakobson[13], que mostra justamente a impossibilidade de traduzir totalmente um texto em língua estrangeira. Por exemplo, a palavra "mar" tem gêneros diferentes em francês e em português, impedindo portanto os epítetos femininos e as conotações de um texto francês traduzido para o português já que *la mer* é substantivo feminino na língua do texto de partida. E isso acontece com outras palavras.

Ao falar da frase musical da *Sonata de Vinteuil*, que compara ao movimento do mar, Proust usa o verbo *bémoliser*, que só se emprega na música, mas que no texto se refere ao luar que atenua as ondas: "a malva agitação das ondas que o luar encanta e bemolisa"[14].

Gérard Genette em *Métonymie chez Proust*[15] mostra que não é só a metáfora que estabelece relações semânticas na escritura de Proust, mas que a metonímia tem nela um papel importante.

A metonímia é uma transposição que se baseia na contigüidade de duas sensações, na sua coexistência no mesmo universo mental. Segundo Jakobson, "toda meto-

---

12. Idem, *O Caminho de Guermantes*, p. 26, idem, v. II, p. 41.
13. R. Jakobson, *Lingüística e Comunicação*, p. 71.
14. M. Proust, *No Caminho de Swann*, p. 178.
15. G. Genette, Métonymie chez Proust, *Figures III*, p. 41-76.

nímia é ligeiramente metafórica e toda metáfora tem um matiz metonímico"[16].

Esse estudo foi feito por Stephen Ullmann que, no seu livro *Style in the French Novel*, menciona as hipálages de Proust, como, por exemplo, "o tinido oval e dourado da campainha do jardim"[17].

Entretanto, o que Genette acrescenta à análise de Ullman é a observação, muito válida, de que a metáfora proustiana é, quase sempre, provocada por uma relação metonímica, o que confirma a asserção de Jakobson acima.

Assim, o menino Marcel, ao voltar da confeitaria, vê o campanário de Saint-Hilaire como um imenso brioche e, depois, à hora de dormir, como uma almofada de veludo; e os lilases do parque de Tansonville, onde mora Gilberte, que ele não consegue ver e é, para ele, como prisioneira, são descritos pelo narrador como huris do profeta Maomé[18].

É preciso ainda dizer algo sobre o estilo de Proust, estilo que abraça e envolve aquilo que descreve, integrando-se a ele. A frase proustiana típica é a frase de ritmo lento e ondulante que ele usa nas passagens mais poéticas, evocando a contemplação das flores, das ninféias, das macieiras em flor, das igrejas, do mar, da música, e a frase longa cheia de subordinações, de alternativas, de parênteses, que, na análise psicológica, tenta tudo esclarecer sem deixar de lado nenhuma nuance, nenhuma hipótese.

Às vezes, Proust coloca no alto de um longo desenvolvimento uma frase curta e simples, que serve de introdução às outras que se seguem, terminando num decrescendo lento. Outras vezes, ao contrário, ao descrever uma impressão, primeiro dá-nos o efeito, o impacto, para, no desenvolvimento, evocar as suas causas e, enfim, citar-lhe o nome. Isso por exemplo acontece em Combray:

---

16. R. Jakobson, op. cit., p. 149.
17. S. Ullman, *Style in the French Novel*, p. 197.
18. M. Proust, *No Caminho de Swann*, p. 119; RTP, v. I, p. 135.

Uma pequena batida na vidraça, como se qualquer coisa a tivesse atingido, seguida de uma ampla queda leve como grãos de areia que deixassem tombar do alto de uma janela, em cima, e depois a queda estendendo-se, regulando-se, adotando um ritmo, tornando-se fluida, sonora, musical, inumerável, universal: a chuva[19].

O ritmo de Proust traduz o próprio movimento da alma: lento na contemplação, rápido na excitação e na angústia.

Quando fala da *Sonata de Vinteuil*, ou das ninféias do Vivonne, suas frases tornam-se mais longas, enriquecem-se de imagens:

> E antes que Swann tivesse tempo de compreender e dizer consigo: "É a pequena frase da sonata de Vinteuil, não escutemos!" todas as lembranças do tempo em que Odette estava enamorada dele e que, até aquele dia, conseguira manter invisíveis nas profundezas do seu ser, iludidas por aquela brusca revelação do tempo de amor que lhes parecia ter voltado, despertaram e subiram em revoada para lhe cantar perdidamente, sem piedade para com o seu atual infortúnio, os refrãos esquecidos da felicidade[20].

O tema da *Recherche* não é original, pois o romance trata da própria vida do escritor, com muitas transposições evidentemente.

O que dá a este romance a sua originalidade é justamente a forma que se expressa por meio da estrutura e do estilo, traduzindo a maneira única de ver o mundo de um grande artista.

---

19. Idem, p. 92; idem, p. 101-102.
20. Idem, p. 287; idem, p. 345.

7. UMA DESCOBERTA DE PHILIPPE KOLB: *L'INDIFFÉRENT* (O INDIFERENTE)

> *As recordações amorosas não são exceções às leis gerais da Memória que por sua vez é dominada pelo Hábito, o qual vai minando tudo*[1].

Philippe Kolb, pesquisador incansável de cartas e documentos inéditos de Proust, publicou, em 1978, uma novela que, desde 1894, quando apareceu em uma revista pouco conhecida, *La Vie Contemporaine*, parece ter sido totalmente ignorada.

Por meio de alusões que encontrou, examinando a correspondência inédita do autor, como explica no prefácio, Kolb descobriu que essa novela faria parte da coletânea de contos *Os Prazeres e os Dias*, publicada em 1896. Mas

---

1. M. Proust, Révélations de Proust sur la suite de son romain vers la fin de 1915, *Contre Sainte-Beuve suivi de Nouveaux mélanges*, p. 563. Tradução livre.

Proust, em carta a Reinaldo Hahn, contou-lhe que decidira substituí-la por *A Morte de Baldassare Silvande*, que considerava muito mais importante.

O Indiferente é a história da paixão de uma viúva, jovem, bonita, rica e cortejada por um homem sem nenhum atributo especial.

O maior interesse desse pequeno romance reside no fato de que prova, mais uma vez, a observação do próprio autor sobre o trabalho dos grandes escritores e que se aplica, sobretudo, ao seu: "Os grandes literatos jamais escreveram senão uma obra única, ou por outra, nunca fizeram senão retratar através de meios diversos uma mesma beleza que trazem ao mundo"[2].

Embora esta novela (como também *Os Prazeres e os Dias*, *Contre Sainte-Beuve* e *Jean Santeuil*) apresente apenas um esboço do que seria, mais tarde, o estilo da *Recherche*, há uma grande coincidência temática entre ela e o conjunto da obra proustiana.

Influenciado pelas teorias simbolistas, Proust rejeitava a narrativa puramente objetiva, mostrando os fatos subordinados a suas repercussões psicológicas. Para Proust, é o plano espiritual que interessa.

A paixão, causada pela imaginação, que Madeleine experimenta por Lépré inspira-se, como todos os episódios amorosos da *Recherche*, na teoria da cristalização, que Stendhal expõe em *De L'Amour*.

O objeto amado, adornado pela imaginação com os atributos que o amante acredita ver nele, transforma-se em um ser totalmente diferente, que só existe para aquele que o criou.

O amor, como diz Proust, alimenta-se de sonhos e de pensamentos, é "cosa mentale".

Quanto ao desenvolvimento do tema, observa-se uma grande semelhança entre esta novela e *Um Amor de Swann*, um pequeno romance dentro do grande romance que é a *Recherche*.

---

2. Idem, *A Prisioneira*, p. 322; RTP, v. III, p. 376.

Embora o ser apaixonado, no romance, seja um homem e, na novela, uma mulher, a evolução desse sentimento, todo mental, é a mesma.

Os dois amantes procuram na arte uma garantia para suas escolhas. Madeleine encontra semelhança entre Lépré e um quadro holandês, fazendo-o, assim, ascender a uma esfera elevada, onde se torna digno de seu gosto requintado. Quando passa a ver Odette como a Céfora de Botticelli, Swann começa a amá-la com uma paixão coerente com seu amor pela pintura.

Ambos subordinam sua vida ao ser amado e seu amor cresce na medida inversa do interesse e da atenção que recebem.

Entretanto, não existe ainda, no caso de Madeleine, a obsessão do ciúme que tortura Swann e que será a causa da angústia do narrador, incerto da fidelidade de Albertine, na *Recherche*.

Mas há, em *Os Prazeres e os Dias*, uma novela que apresenta ainda maiores relações de identidade com *O Indiferente*. Trata-se de *Melancólica Vilegiatura da Senhora de Breyves*.

É estranho que Kolb não o tenha comentado, no prefácio, pois, com exceção do final (em *O Indiferente* a heroína renuncia a uma esperança impossível e acaba casando-se com outro, enquanto em *Melancólica Vilegiatura*, quando a narrativa termina, o sentimento, todo de imaginação, encontra-se ainda em fase ascendente), poderíamos ler as duas novelas como duas versões de uma mesma história.

Sabe-se, por Painter, seu biógrafo, que Proust publicou *Melancólica Vilegiatura*, pela primeira vez, no número de setembro de 1891 da *Revue Blanche*, mas muito pouco se sabe da gênese de *O Indiferente*. Como, porém, o encontro com a condessa Greffulhe, cujo arranjo de cabelo motivou o de Madeleine, deu-se em julho de 1893, calcula-se que a novela deve ser posterior a essa data.

Essa coincidência prova a concepção de Proust sobre o amor, que, em sua obra maior, mostra-se sempre o mesmo, quaisquer que sejam os amantes.

Há também nesta novela, como em todas as obras de Proust, apesar das transposições, uma grande base autobiográfica. Kolb menciona, no prefácio, a carta de Proust a Robert de Montesquiou, descrevendo-lhe a impressão experimentada diante do penteado ("de uma graça polinésia") da condessa Greffulhe. Ela era a mulher mais requestada de Paris e deve ter sido a inspiradora da personagem física de Madeleine.

Quanto à alusão à asma, que Kolb aponta como a única descrição desse mal na obra proustiana, observamos que ali, realmente, a asma é evocada em seus detalhes mais dolorosos, mas não atribuída a um ser específico. É o leitor, conhecedor da biografia do autor, que percebe como este pinta uma doença que conhece tão bem.

Na *Recherche*, porém, o narrador menciona, uma vez, seus acessos de dispnéia quando, na Raspelière, a casa alugada pelos Verdurin no campo, Cottard lhe faz uma pergunta sobre sua doença e o Marquês de Cambremer entra na conversa dizendo-se muito satisfeito por saber dessa afinidade do amigo com sua irmã, que também sofre de asma. Há ali uma referência implícita ao egoísmo das pessoas, que julgam tudo o que não diz respeito a si mesmas como desinteressante. As sufocações do narrador são consideradas, pelo Marquês de Cambremer, como um assunto banal de conversa que não deixa de mencionar cada vez que o encontra[3]. Também em outro trecho do romance, o narrador alude às suas sufocações dizendo que seus pais chamaram o Dr. Cottard para atendê-lo[4].

Entretanto, neste caso, a coincidência ajuda-nos na identificação do autor com o narrador.

Kolb observa uma outra constante que se revela na obra de Proust, desde *O Indiferente*: a associação das flores ao amor. Assim, a primeira aparição de Gilberte é precedida da descrição dos lilases que floresciam no parque de

---

3. Idem, *Sodoma e Gomorra*, p. 258; idem, v. ii, p. 926-927.
4. Idem, *À Sombra das Raparigas em Flor*, p. 54; idem, v. i, p. 497.

Tansonville e que o narrador, preocupado com a menina que, não podendo sair sozinha, era de certa forma prisioneira, compara às huris do paraíso de Maomé. Depois, as flores do espinheiro (as *aubépines*), os jasmins e os goivos evocam, na sua singeleza e no seu perfume delicado, a pureza do amor que Gilberte inspirará no jovem Marcel. Albertine e as mocinhas em flor de Balbec serão evocadas como uma guirlanda de rosas diante do mar.

As orquídeas que se entremeiam com os cabelos de Madeleine, e enfeitam seu decote, são as mesmas catléias que se espalham pela *toilette* de Odette e que Swann tomará como pretexto para as primeiras carícias e, enfim, para relação física. Além das orquídeas, os crisântemos e as bolas de neve, flores frias e sem perfume, mas chamativas, são as favoritas de Odette, mulher toda de aparência, superficial e vazia.

As flores ainda não têm, em *O Indiferente*, a significação que possuem na *Recherche*, onde parecem representar o grau mais alto de perfeição da natureza e, por isso mesmo, mais efêmero.

Desde *Os Prazeres e os Dias,* Proust devia preocupar-se com a fragilidade das coisas humanas, pois proporciona como epígrafe ao segundo capítulo de *Violante ou o Mundanismo*, intitulado "Sensualidade", estas palavras da Imitação de Cristo: "Não vos apoieis num caniço que o vento agita e não confieis nele pois toda carne é como a relva e sua glória passa como a flor dos campos".

A descrição das flores, na *Recherche*, atinge o ponto mais alto do romance com os episódios dos espinheiros e das macieiras em flor, onde o artista tece uma trama de imagens envolvendo as flores e as mulheres, cuja beleza é também passageira.

Diante das flores, experimenta uma emoção tão profunda como ao ouvir a música de Vinteuil, contemplar os quadros de Elstir ou ler os livros de Bergotte.

Quanto aos processos de realização da obra, vemos uma identidade em relação ao ponto de vista do qual é narrada a história.

Embora o romance e as novelas sejam escritos na terceira pessoa, o narrador não se arroga os poderes de onisciência. Temos a visão interior de apenas um personagem, Swann, Madeleine ou Françoise. Nunca se sabe o que pensam Odette, Lépré ou Jacques de Laléande; os motivos de seus gestos ficam na sombra. São vistos de fora, pelas repercussões de suas ações e atitudes no ser apaixonado. Da parte deles, há apenas frases, bilhetes, atos que provocam no outro um grande trabalho de imaginação.

O que parece diferente é o fato de a narrativa se realizar do ponto de vista da personagem, feminina, no caso de *O Indiferente* e de *Melancólica Vilegiatura*, como, aliás, acontece em outras novelas.

O amor que Madeleine sente por Lépré é o mesmo que Swann experimenta por Odette e que, mais tarde, fará o narrador sofrer por Albertine.

No estilo da novela, não há ainda a criatividade do romance. Encontra-se a influência dos poetas e escritores que Proust admirava e que, por muito tempo, o impediu de ser original. Sabe-se que foi por um esforço consciente, por meio dos pastiches, que o romancista ultrapassou o estágio da imitação (ainda que involuntária).

Assim, na descrição de Madeleine em traje de gala, enfeitada de orquídeas, "Fraiche comme ses fleurs et comme elles pensive" (Fresca como suas flores e como elas pensativa) encontra-se a reminiscência de um verso de Baudelaire, "Qui comme eux sont frileux et comme eux sédentaires". A tradução literal deste verso seria "Que como eles são friorentos e como eles sedentários", mas Ivan Junqueira, na sua imensa e difícil tarefa de traduzir os poemas de *Les fleurs du mal*, foi obrigado, ao vertê-lo para o português, por razões de métrica e outras, a omitir a repetição de "como" encontrando, porém, como sempre, a excelente solução: "Que como eles têm frio e cismam sedentários"[5].

---

5. C. Baudelaire, Os Gatos, *As Flores do Mal*, p. 273.

A frase da novela ainda não se expandiu na longa frase proustiana, cheia de meandros e encaixes, comparável a uma narrativa em miniatura.

As imagens, embora abundantes, não correspondem, como na *Recherche*, a "uma nova criação do mundo". Mas já há a preocupação de comunicação pela comparação, mais do que pela descrição. Assim, Proust emprega, pela imagem da dificuldade de respiração da criança, um dos seus processos favoritos de descrição. Consciente de que a simples enumeração dos fatos é incapaz de reproduzir certos estados íntimos, utiliza uma imagem concreta e sensível, estabelecendo entre esta e o sentimento que evoca uma relação metafórica. A comparação, que se faz aqui por inversão, pela apresentação, em primeiro lugar, da sensação a ser relacionada, e depois pelo fato real, é retomada freqüentemente na *Recherche*.

Sem dúvida, o desprezo do autor por *O Indiferente* se deve ao fato de ela ser apenas uma novela *fin de siècle*, que se desenrola em um ambiente de luxo, melancólico e decadente, como os romances de Bourget, Anatole France ou D'Annunzio.

Proust, aos 22 anos, ainda não estava maduro para, sobrepondo-se às influências de sua época, criar a obra que marcaria uma nova etapa no romance universal.

Mas foi a descoberta de uma nova forma que possibilitou a expressão dos mesmos temas, como o amor de imaginação de *O Indiferente*.

8. PROUST E O AMOR

Bom batedor é o ciúme que, se há um vazio em nosso quadro, corre à rua buscar a bela rapariga que faltava. Já não era mais bela, volta a sê-lo por despertar zelos, preencherá a vaga[1].

Sabe-se que o amor é um dos temas centrais da *Recherche*, mas ele é também recorrente nos textos anteriores, como *Jean Santeuil*, *Os Prazeres e os Dias* e *O Indiferente*. Estes são os esboços do grande romance, a preparação para a obra-prima, que contêm em germe as suas linhas gerais.

O amor, para Proust, seja ele hétero ou homossexual, é sempre obsessivo e agravado pelo ciúme. Outro elemento importante, que funciona para Proust em todos os níveis, é a imaginação que transforma o objeto amado, idealizando-o. São esses dois aspectos que analisaremos a seguir em

---

1. M. Proust, *O Tempo Redescoberto*, p. 157; RTP, v. III, p. 916.

Um Amor de Swann e no romance maior em que ele se insere, a *Recherche*.

Se o ciúme é a centelha do amor, o trabalho da imaginação é responsável pelo seu desenvolvimento e ambos tecem a teia que envolve o amante.

Segundo Stendhal, em seu ensaio *De l'amour*, na evolução da indiferença para o amor ocorre o fenômeno da cristalização.

> Nas minas de sal de Salisburgo se se joga bem no fundo um galho seco que se deixa ficar por alguns meses, tem-se uma surpresa ao revê-lo: todo ele, com suas ramificações, está coberto de cristalizações cintilantes de tal forma que não se reconhece o ramo primitivo[2].

Assim, também o amador vai encontrando, no ser que surge num momento em que está disponível, qualidades e atributos que este está longe de ter. E ele diz: "o que eu chamo de cristalização é a operação pela qual o espírito extrai de tudo aquilo que surge, a descoberta de que o objeto amado tem novas perfeições"[3].

Proust, embora não mencione diretamente a teoria stendhaliana, adota-a ao descrever o amor-paixão de Swann por Odette. Swann, que era amigo do príncipe de Gales e freqüentava os salões da alta aristocracia, tinha, em relação às mulheres, um gosto que não combinava com sua aparência refinada e suas relações sociais: tinha seus casos com mulheres simples, costureirinhas, camareiras, cozinheiras. Desprezava uma duquesa, mas ofendia-se caso uma camareira não lhe desse a importância esperada.

Por acaso, foi apresentado a Odette, uma "mundana" que, percebe-se logo, viu nele tudo o que ambicionava: posição e dinheiro. E foi Odette que, por mil artifícios, foi-se aproximando dele até enredá-lo totalmente. Ela não tinha

---

2. Stendhal, *De l'amour*, p. 43.
3. Idem, ibidem.

grande beleza, embora fosse bem feita de corpo e se vestisse muito bem. Swann, que começava a se interessar, mas não via motivo consciente para isso, passou a achá-la interessante ao ver na reprodução de um afresco de Bottticelli, *Cenas da Vida de Moisés*, a semelhança entre Céfora, a filha de Jetro, e Odette. Esta passou a ser uma "obra florentina" e permitiu-lhe incluir a sua imagem "num mundo de sonhos ao qual ela não tinha tido acesso até então e no qual ela impregnou-se de nobreza"[4].

E o fato de ele passar tanto tempo junto a ela, freqüentando o seu apartamento e o salão da senhora Verdurin, que não condizia com seus gostos aristocráticos, justificava-se pelo fato de ela ser "uma obra-prima inestimável". E chegou a colocar sobre sua mesa de trabalho, como se fosse uma fotografia de Odette, uma reprodução da filha de Jetro.

Mas o que realmente provocou sua paixão foi o ciúme. Odette era o que Proust chama de *un être de fuite* (uma criatura de fuga)[5], alguém que não se revela totalmente, que não diz aonde vai nem com quem esteve, e que mente muito. Enfim, um ser misterioso que, por isso mesmo, aguça a curiosidade e o ciúme.

A cena em que Swann, já habituado a encontrar Odette na casa dos Verdurin e, chegando atrasado, não a encontra, é de grande poesia. Ele sai à sua procura pelos restaurantes e bulevares de Paris e, na escuridão que os lampiões mal iluminavam, ele andava ansioso entre mulheres "como se, entre os fantasmas dos mortos, no reino das trevas, buscasse Eurídice"[6].

E quando a encontra saindo do restaurante Maison Dorée, está apaixonado.

"De todas as maneiras produtoras do amor, a agitação que nos invade ao não encontrar o ser amado é das mais eficazes", diz Proust. E essa necessidade premente, absurda

---

4. M. Proust, Um Amor de Swann, *No Caminho de Swann*, p. 191; RTP, v. I, p. 224.
5. Idem, *A Prisioneira*, p. 74-75; idem, v. III, p. 93.
6. Idem, Um Amor de Swann, op. cit., p. 196; idem, v. I, p. 230.

desse ser, tão difícil de curar, produz a necessidade insensata de possuí-lo.

Segue-se, então, a famosa cena das orquídeas que Swann, ainda tímido, quer ajeitar no colo de Odette, funcionando como preliminar para a primeira relação sexual e o início de uma paixão avassaladora e desproporcional.

E é justamente o fato de Odette não se entregar nunca totalmente que provoca Swann e o seu ciúme.

Pois é o ciúme que, nos momentos em que a paixão esmorece, espicaça o amante. E ele vai ficando obcecado, pois Odette engana-o de todas as formas, até com mulheres. É interessante observar que o autor não consegue fazer uma transposição completa em relação ao amor. Sabe-se que tanto o narrador como Swann são totalmente heterossexuais e que a homossexualidade só é atribuída a outros personagens como Charlus, Saint-Loup, Morel e às mulheres. Mas, ao falar do ciúme, o que mais exaspera Swann é saber que Odette teve relações com mulheres e que até a senhora Verdurin lhe fez propostas.

Como Proust era homossexual, mas não ousou atribuir-se tal característica, assim como a Swann, *alter ego* do narrador, foi incapaz de fazer a transposição completa. O normal seria um homem ter ciúme de sua mulher com outro homem. Só um homossexual teria ciúmes ou suspeitaria de seu amado com uma pessoa do mesmo sexo. E isso também vai ocorrer na relação do narrador com Albertine.

Como o ciúme é a mola do amor, o tempo é seu agente destruidor, o tempo que tudo consome. Assim Swann, depois de muito sofrer por Odette, acaba esquecendo-a e diz a frase reveladora, com que termina o romance, de que a cristalização se desfez: "E dizer que desperdicei anos da minha vida, desejei morrer e senti o meu maior amor por uma mulher que eu não apreciava, que não era meu tipo[7]".

No amor juvenil do narrador por Gilberte, o que primeiro excita a sua imaginação é a curiosidade de conhecer

---

7. Idem, p. 316; idem, p. 382.

a filha de Swann. Este tinha uma linda propriedade em Combray, onde Marcel passava as férias e era amigo de sua família, mas as relações tinham ficado estremecidas depois do casamento desigual de Swann com uma "cocotte", expressão da época para as mulheres promíscuas.

Não se sabe como aconteceu o casamento, pois Swann não estava mais apaixonado, mas pode-se concluir que a união se devia ao nascimento de Gilberte.

Muitos anos depois da história narrada em *Um Amor de Swann*, vemos Gilberte e o narrador, que tinham a mesma idade, amigos, sendo o menino muito bem recebido na casa dela por Odette que, entretanto, não é *persona* grata à tia Léonie, suas irmãs e aos pais de Marcel.

Mas o amor por Gilberte foi um amor juvenil que não deixou marcas no narrador. Ao contrário, sua paixão por Albertine levou-o quase à loucura.

A curva do amor de Marcel por Albertine é a mesma descrita em *Um Amor de Swann*, mas a transposição é muito mais tênue e sente-se, até no nome de Albertine, a presença do grande amante de Proust, Alfred. Mas, como os personagens de Proust nunca se inspiram em uma só pessoa, pode-se dizer que aquele nome se deve ao de Albert Nahmias, jovem por quem ele também se apaixonou antes de conhecer Alfred Agostinelli. No entanto, parece bastante evidente que a situação de Albertine prisioneira, depois fugitiva e enfim morta em um acidente, inspirou-se nas relações de Proust com seu motorista, Alfred, que morreu também em um acidente.

A obsessão pela posse da amada chega a tal ponto que a jovem se torna uma verdadeira prisioneira de Marcel, que tem um terrível ciúme dela com suas amigas. Pois Albertine, como Odette, confessa que teve relações com mulheres.

Como a *Recherche* é uma transposição poética da vida do autor, revela-se aqui o seu ciúme causado pelas infidelidades de Alfred, que era casado e tinha mulheres como amantes. O fato de, na virada do século XIX para o XX, uma moça de família morar com um rapaz, sem ser casada e com o consentimento da mãe dele, também é sintomático. Mas o autor revela, na obra, os seus sentimentos mais profundos e estes, embora transpostos, são os mesmos. Assim, o amor, do ponto de vista psicológico, embora com suas peculiaridades, é o mesmo, com sua cristalização, seu ciúme e suas obsessões.

Também o fenômeno da cristalização manifesta-se no interesse, verdadeira paixão, de Saint-Loup por Rachel, moça que o narrador conhecera num bordel. Saint-Loup falava-lhe dela com tanto entusiasmo que Marcel ansiava por conhecê-la, mas, quando isso acontece, tem um choque, pois a "maravilhosa amada" de Saint-Loup não era outra senão uma prostituta judia que lhe tinha sido oferecida num prostíbulo e que ele, na sua imaginação, tratava como a judia da ópera de Halevy.

De repente, apareceu Saint-Loup, acompanhado pela amante, e então, naquela mulher que era para ele todo o amor, todas as doçuras possíveis da vida, cuja personalidade, misteriosamente encerrada num corpo como um tabernáculo, era ainda o objeto sobre o qual trabalhava incessantemente a imaginação de meu amigo, que sentia que não conheceria nunca e ante o qual se perguntava perpetuamente quem era ela em si mesma, por trás do véu do olhar e da carne, reconheci instantaneamente naquela mulher a "Raquel quando do Senhor", a mesma que alguns anos antes – as mulheres mudam tão depressa de posição nesse mundo, quando mudam – dizer à cafetina: "Então amanhã de noite, se precisar de mim para alguém mande-me buscar"[8].

Essa constatação também prova a teoria pela qual tudo no mundo é relativo, pois, para quem ama, uma mulher pode ser linda, ao passo que para alguém que a vê, com os olhos da realidade, ela é apenas uma qualquer.

O erotismo também desempenha um papel importante na relação amorosa. Não é, sem propósito, que Proust menciona as orquídeas como as flores da paixão. Por sua própria etimologia, a orquídea (cujo nome se origina do grego *orquis*, testículo) simboliza o sexo. Em duas cenas capitais do

---

8. Idem, *O Caminho de Guermantes*, p. 119-120; , RTP, v. II, p. 157-158.

romance, ela surge prenunciando o ato sexual. A primeira é a que já citamos, em que Swann começa ajeitando as orquídeas catléias para chegar às relações mais íntimas[9].

A outra é quando o narrador vai visitar a duquesa de Guermantes, esperando que ela chegue em casa com o marido, e assiste à penetração de uma orquídea por um besouro. Esta cena prenuncia o encontro de Charlus com o alfaiate Jupien, e é descrita com grande erotismo. O namoro dos dois é comparado com os movimentos do besouro e da flor[10].

Os olhares de Charlus não disfarçam o interesse por pessoas do seu sexo e são descritos minuciosamente, como na primeira vez que vê Marcel: "um senhor com roupa xadrez que eu desconhecia, fixava em mim uns olhos que pareciam querer saltar-lhe da cabeça" (cena em Tansonville[11]).

Olhou para mim de olhos arregalados como acontecera em Tansonville. Voltei a cabeça e vi um homem de uns quarenta anos... aquele senhor dava nervosas pancadinhas nas calças com uma vara e cravava em mim uns olhos dilatados pela atenção. Aqueles olhos cruzavam-nos de vez em quando olhares de extrema atividade, somente próprios dos homens que se vêem diante de uma pessoa desconhecida a qual por qualquer motivo lhes inspira idéias que não ocorreriam a outros por exemplo de que se trata de algum louco ou espia. Lançou-me um derradeiro olhar atrevido, prudente, rápido e profundo... e depois de olhar em derredor, adotou uma atitude de homem distraído e altaneiro... Veio-me o pensamento de que talvez fosse um ladrão de hotel... naquele instante vi que saía a Sra. De Villeparisis com Robert de Saint-Loup e o desconhecido que me estivera a olhar com tanta fixidez à frente do cassino. Seu olhar atravessou-me com a rapidez do relâmpago... – Oh! Como está você? Apresento-lhe meu sobrinho o Barão de Guermantes – disse-me a Sra. de Villeparisis, enquanto o desconhecido, sem olhar-me murmurou um vago "Encantado!" [...].[12]

---

9. Idem, Um Amor de Swann, op. cit., p. 197-199; idem, v. I, p. 233-234.
10. Idem, *Sodoma e Gomorra*, p. 4-8; idem, v. II p. 601-604.
11. Idem, *No Caminho de Swann*, p. 124; idem, v. I, p. 141.
12. Idem, *À Sombra das Raparigas em Flor*, p. 259-261; idem, p. 751-753.

Em *Sodoma e Gomorra*, Proust apresenta a homossexualidade pintando-a através de um olhar que despreza, mas sucumbe às próprias tendências inelutáveis.

Sabemos, por meio de sua biografia, e também pelo que mostra no romance, que seu complexo de Édipo surgiu bem cedo, com seu apego pela mãe. Na cena do beijo, que a mãe lhe dava na hora do seu deitar[13], o narrador revela sua angústia à espera daquele "beijo de paz".

Mas enquanto sua mãe viveu, Proust não conseguiu publicar a *Recherche*, em que precisou descrever cenas que não podia desconhecer e que a magoariam. A culpa que sentia em relação a ela está patente num conto dos *Prazeres e os Dias*, "La Confession d'une jeune-fille" (A Confissão de uma Moça). Transpondo seus sentimentos, narra a história de uma moça que se sente torturada pela preguiça e pela falta de força de vontade; é atraída pelos prazeres do sexo e, apesar de casada, não resiste a eles. A mãe a vê pela janela e morre do coração, enquanto a heroína se suicida. Isso também ocorre com a lésbica de "Avant la nuit" (Antes da Noite), um conto da mesma coletânea.

Vemos também na cena em Montjouvain, em que o mesmo Marcel assiste aos transportes amorosos entre a filha de Vinteuil e uma amiga, o transparente remorso de Proust em relação aos pais e principalmente à mãe. A senhorita Vinteuil, que está aos beijos e abraços com a amiga, deixa que esta ofenda seu pai com palavrões e cuspa no seu retrato. E o narrador diz: "mas eu agora sabia, por todos os sofrimentos, que o sr. Vinteuil suportara em vida por causa de sua filha, o que, após a morte, recebera em paga da parte dela"[14].

Mas como Proust encontrou na arte o meio de resgatar a dor que causaria à sua mãe, a amiga da senhorita Vinteuil, na *Recherche*, a qual no fundo amava muito o pai,

---

13. Idem, *No Caminho de Swann*, p. 31; idem, p. 27.
14. Idem, p. 138-141; idem, p. 159-163.

remiu-se das suas blasfêmias e do sofrimento que causara ao compositor por suas relações com a filha deste, reconstruindo os folhetos esparsos do seu septeto, o que permitiu a realização de sua obra magistral[15].

Como já foi mencionado, o narrador só ama mulheres, mas atribui a muitos personagens tendências homossexuais. O barão de Charlus não consegue esconder seu interesse por rapazes, até por criados ou pessoas subalternas como Jupien. Mas sua verdadeira paixão é Morel, que o trai com mulheres e acaba casando-se com a sobrinha de Jupien, porém ainda se relaciona com Saint-Loup.

As cenas de sadomasoquismo entre o barão e os freqüentadores de um pseudo-hotel, a que o narrador assiste de uma clarabóia por ter se hospedado ali por engano, são as mais fortes do romance[16].

No final da *Recherche*, Charlus é mostrado velho, com cabelo e barba brancos e compridos, claramente efeminado, balbuciante e muito parecido com a mãe.

Outros personagens: homens e mulheres são dependentes da inversão sexual como Saint-Loup, bissexual; Morel, bissexual; o diplomata Sr. de Vangoubert que se trai pela voz; Legrandin, o vizinho da família de Marcel em Combray; a senhorita Vinteuil e sua amiga, Andrée e outras como Albertine e Odette que oscilam entre os dois sexos.

A descrição das diversas etapas do amor, suas causas, sua evolução, o sofrimento que causa, consiste em uma análise psicológica profunda e, como toda obra de um grande artista, é calcada nas experiências do autor, as quais, apesar das transposições, revelam o seu eu mais íntimo e sensível.

---

15. Idem, *A Prisioneira*, p. 221-222; idem, v. III, p. 261-262.
16. Idem, *O Tempo Redescoberto*, p. 83-84; idem, p. 815-816.

9. A "OUVERTURE" DA *RECHERCHE*

> *Swann escutava todos os temas esparsos que entrariam na composição da frase: ele assistia à sua gênese*[1].

As primeiras páginas, ou o prólogo, constituem uma verdadeira súmula do romance, como tentaremos mostrar a seguir.

A Primeira Seqüência

Longtemps, je me suis couché de bonne heure. Parfois, à peine ma bougie éteinte, mes yeux se fermaient si vite que je n'avais pas le temps de me dire : "Je m'endors". Et, une demi-heure après, la pensée qu'il était temps de chercher le sommeil m'éveillait; je voulais poser le volume que je croyais avoir encore dans les mains et souffler

---

1. M. Proust, *No Caminho de Swann*, p. 292; RTP, v. I, p. 351.

ma lumière; je n'avais pas cessé, en dormant de faire des réflexions sur ce que je venais de lire, mais ces réflexions avaient pris un tour un peu particulier; il me semblait que j'étais moi-même ce dont parlait l'ouvrage: une église, un quatuor, la rivalité de François Ier et de Charles-Quint. Cette croyance survivait pendant quelques secondes à mon réveil; elle ne choquait pas ma raison, mais pesait comme des écailles sur mes yeux et les empêchait de se rendre compte que le bougeoir n'était plus allumé. Puis elle commençait à me devenir intelligible, comme après la métempsycose les pensées d'une existence antérieure; le sujet du livre se détachait de moi, j'étais libre de m'y appliquer ou non; aussitôt je recouvrais la vue et j'étais bien étonné de retrouver autour de moi una obscurité douce et reposante pour mes yeux, mais peut-être plus encore pour mon esprit, à qui elle apparaissait comme une chose vraiment obscure. Je me demandais quelle heure il pouvait être; j'entendais le sifflement des trains qui, plus ou moins éloigné, comme le chant d'un oiseau dans une forêt, relevant les distances, me décrivait l'étendue de la campagne déserte où le voyageur se hâte vers la station prochaine, et le petit chemin qu'il suit va être gravé dans son souvenir par l'excitation qu'il doit à des lieux nouveaux, à des actes inaccoutumés, à la causerie récente et aux adieux sous la lampe étrangère qui le suivent encore dans le silence de la nuit, à la douceur prochaine du retour[2].

Durante muito tempo, costumava deitar-me cedo. Às vezes, mal apagava a vela, meus olhos se fechavam tão depresssa que eu nem tinha tempo de pensar: "Adormeço". E, meia hora depois, despertava-me a idéia de que já era tempo de procurar dormir; queria largar o volume que imaginava ter ainda nas mãos e soprar a vela; durante o sono, não havia cessado de refletir sobre o que acabara de ler, mas essas reflexões tinham assumido uma feição um tanto particular; parecia-me que eu era o assunto de que tratava o livro: uma igreja, um quarteto, a rivalidade entre Francisco I e Carlos V. Essa crença sobrevivia alguns segundos ao despertar; não chocava a minha razão, mas pairava-me como um véu sobre os olhos, impedindo-os de ver que a luz já não estava acesa. Depois começava a parecer-me inteligível, como, após a metempsicose, os pensamentos de uma existência anterior; o tema da obra destacava-se de mim, ficando eu livre para adaptar-me ou não a ele; em seguida recuperava a vista, atônito de encontrar em derredor uma obscuridade, suave e repousante para os olhos mas talvez ainda mais para o espírito,

2. RTP, v. I, p. 3.

ao qual se apresentava como algo sem causa, incompreensível, algo de verdadeiramente obscuro. Indagava comigo que horas seriam; ouvia o silvo dos trens que, ora mais, ora menos afastado e marcando as distâncias como o canto de um pássaro numa floresta, me descrevia a extensão do campo deserto, onde o viajante se apressa em direção à parada próxima: o caminho que ele segue lhe vai ficar gravado na lembrança com a excitação produzida pelos lugares novos, os atos inabituais, pela recente conversa as despedidas trocadas à luz de lâmpada estranha que ainda o acompanham no silêncio da noite, e pela doçura próxima do regresso[3].

Esta seqüência, que inaugura o romance, é o primeiro círculo do turbilhão no qual, como em um sonho, passam rapidamente na mente do narrador as lembranças das fases importantes de sua vida e onde ele sugere a forma, a matéria e o objetivo de sua obra por meio de diversos recursos lingüísticos e poéticos.

A obsessão pelo tempo revela-se desde a primeira palavra, *longtemps*, e prossegue por meio de outras expressões de tempo, mas estas vão gradativamente cedendo a vez às expressões indicativas de espaço que predominam no final do fragmento. Há exatamente 26 palavras e expressões pertencentes ao campo semântico de tempo: *longtemps, de bonne heure, parfois, à peine, vite, temps, demi-heure, après, temps, encore, cessé, survivait, pendant, secondes, commençait, plus, puis, après, antérieure, aussitôt, encore, heure, se hâte, récente, encore, prochaine.* As expressões relativas ao campo semântico de espaço também são em número de 26: *dans, sur, église, sur, se détachait, éloigné, dans, fôret, distance, étendue, campagne, où, voyageur, se hâte, vers, station, prochaine, chemin, suit, dans, lieux, sites, sous, suivent, dans, retour*[*] .

As expressões referentes ao tempo, muito numerosas no início da seqüência, onde a palavra *temps*, repetida (*Longtemps, temps, temps*), sublinha a angústia do narrador

---

3. Idem, *No Caminho de Swann*, p. 3.
[*] A análise deste segmento faz-se no texto francês porque seria impossível conservar os mesmos sons em língua portuguesa.

diante do passar do tempo, a partir de *métempsycose*, diminuem de freqüência, enquanto as de lugar aumentam. A palavra *métempsycose*, que contém no seu interior a palavra *temps*, encaixada, serve de transição para a transformação que seu próprio significado sugere. A partir dessa palavra-chave, o tempo cede lugar ao espaço que é enfatizado pelo número crescente de expressões referentes a esta dimensão. Mas *temps* ecoa ainda no interior de *existence, distances, étendue*, significando que o tempo foi captado e encaixado no espaço da obra. As expressões ambíguas, que podem significar tempo e espaço – *se hâte, prochaine* –, refletem, mais uma vez, a idéia profunda que se encerra nesta seqüência e ilustram a afirmação de Proust em *Contra Sainte-Beuve*:

> o belo em Guermantes é que os séculos que já se foram tentam ainda existir; o tempo, neles, tomou a forma do espaço, mas pode-se reconhecê-lo bem [...] o instante em que vivem as coisas é fixado pelo pensamento que as reflete. Nesse momento, elas são pensadas, recebem sua forma. E sua forma, imortalmente, faz durar um tempo no meio de outros[4].

Esta transformação sugere ainda a certeza do autor de que poderá dominar sua angústia encontrando um meio de fixar o tempo. A palavra *retour* (volta), que encerra a seqüência, simboliza a permanência enfim alcançada. Ela representa a volta consciente ao passado que se reveste de doçura, simbolizando a esperança de dar um sentido à vida. Há, em *retour*, uma antecipação de *Le temps retrouvé* que a própria estrutura do parágrafo indica, pois se a primeira palavra é *Longtemps* (durante muito tempo), sugerindo o

---

4. Idem, Retour à Guermantes, *Contre Sainte-Beuve*. Este texto não consta da edição da Pléiade citada em outras notas deste livro, mas pode ser encontrado em *Contre Sainte-Beuve suivi de Nouveaux Mélanges*, p, 406. Pierre Clarac, editor de *Contre Sainte-Beuve précédé de Pastiches et mélanges et suivi de Essais et articles*, diz no prefácio da edição da Pléiade, da Gallimard, de 1972, que esta não se parece muito com a edição anterior de 1954, devido à escolha dos fragmentos do projeto do artigo que Proust fez sobre Sainte-Beuve e que deixou inacabado. Não foi encontrado o texto citado em nenhuma referência a Guermantes deste livro.

passado contido nas seis partes da *Recherche*, a última é *retour*, evocando a felicidade da tomada de consciência, pelo narrador, de sua vocação e dos meios de realizá-la que o final de *Le temps retrouvé* nos mostra.

Como *temps* se prolonga, por sua sonoridade, no texto, *retour* é anunciado pelos anagramas "recou*vrais*", "trouver *au*tour", "re*posante pour*", "*v*ra*iment* obscu*re*", "*heu*re pou*v*ait être. Além desses, é preciso observar que *trouver* e *retrouver* contêm *retour* em anagrama. Os sons das palavras-matrizes *temps* e *retour* disseminam-se por meio das repetições dos sons que as compõem, a dental surda [t], a vogal nasal [ã], a consoante líquida vibrante [r], a vogal oral fechada [u] e as sílabas *tã*, *re* e *tour* que se repetem exaustivamente neste fragmento, estabelecendo cadeias fônicas que remetem a um outro sentido, mais profundo. A disposição dispersa dos sons em anagramas, e sua combinação nas palavras-matrizes, sugere a composição de uma sinfonia em que os sons se separam ou se combinam compondo os motivos.

Além das palavras *temps* e *retour* que simbolizam o tema central do romance, outros temas são evocados pela repetição de palavras, sons e sílabas que os conotam, como os que se seguem:

1)Vida: a palavra *vie* não consta do texto estudado e só é indicada por seu sinônimo *existence*. Mas a freqüência dos sons [v] e [i], que a compõem, suscitam no subconsciente do leitor a sua presença (*vi*te, *dire*, *demi*, *éveillait*, *voulait*, *avoir*, *venais*, *lire*, *pris*, *ouvrage*, *église*, *rivalité*, *avais*, *avais*, *survivait*, *réveil*, *devenir*, *intelligible*, *existence*, *livre*, *libre*, *m'y*, *recouvrais*, *vue*, *retrouver*, *incompréhensible*, *pouvait*, *sifflement*, *relevant*, *décrivait*, *voyageur*, *vers*, *suit*, *va*, *gravé*, *souvenir*, *excitation*, *nouveaux*, *sites*, *inaccoutumés*, *causerie*, *suivent*, *silence*, *nuit*).

2) Morte: a idéia da morte mal aflora neste segmento que, embora mostre a preocupação do narrador com o tempo,

enfatiza a vitória sobre ele e sobre a própria morte. Seu autor sabe que viverá para sempre por meio do livro que começa a escrever. Mas a dicotomia morte/vida corresponde ao conceito de Proust sobre o tempo e a arte e não poderia estar ausente desta visão global do romance. O sono é o símbolo da morte e na expressão "Je m'endors", a série fônica "or" introduz no texto a sua imagem. Também essa série repete-se em cadeia, nos vocábulos *encore, dorment, quatuor, encore, forêt, encore*.

Em contraponto à dicotomia morte/vida, temos a antítese sono/vigília:

3) Sono: as expressões indicativas do sono no texto, "je me suis couché", "mes yeux se fermaient", "je m'endors", chercher le sommeil", correspondem simbolicamente a "ma bougie éteinte", "souffler ma lumière", "le bougeoir n'était plus allumé", "obscurité", "obscure", "nuit".

4) Vigília: m'éveillait", "mon réveil", "je recouvrais la vue" correspondem simbolicamente a "bougie", "lumière", "bougeoir", "lampe", tomados independentemente dos elementos que lhes modificam o sentido nos sintagmas.

O sintagma "obscurité douce et reposante" parece formar um oximoro, pois o narrador refere-se, em vários trechos do romance, à escuridão de uma maneira negativa assim como à noite, como podemos ver na segunda seqüência deste segmento quando, falando de uma maneira impessoal, mas aludindo à sua própria vida, diz: "/.../ il faudra rester toute la nuit à souffrir sans remède".

Mas o final da primeira seqüência corresponde ao final do romance, quando o narrador, tendo encontrado o segredo para dominar o tempo, sabe que a morte, para a vida terrena, significa a vida eterna pela arte e, assim, a escuridão é doce e calmante, porque, no silêncio da noite, a idéia da volta destrói todos os seus poderes negativos e os transforma em adjuvantes valiosos. A escuridão é propícia à criação: "j'étais bien étonné de trouver autour de moi une obscurité douce et reposante pour mes yeux, mas peut-être plus encore pour mon esprit à qui elle apparaissait comme une chose sans cause, incompréhensible, comme une chose vraiment obscure"; a palavra coisa, repetida, sugere a incapacidade de explicação do narrador que prefere sugerir o estado em que se encontra por meio da repetição (em *chose, chose, cause* a mesma sílaba tônica reforça a mesma idéia enfatizada por *obscurité, obscure*). O fato de a idéia da escuridão ser repetida duas vezes parece indicar que ela é procurada como benéfica.

À vigília prende-se o pensamento, que se opõe à letargia do sono. Podemos distinguir, neste segmento, duas atitudes opostas: a contemplação e a ação. A partir de "Puis elles commençaient à me devenir inintelligibles, comme après la métempsycose, les pensées d'une existence antérieure", há uma revolução nessa atitude que, de passiva, torna-se ativa. As conotações de passividade e ação são fornecidas pelas formas sintáticas, porém indicam-se, também, no plano semântico.

5) Contemplação: a oposição contemplação x ação corresponde às duas atitudes do narrador, que mostraremos pela sintaxe: a da vida mundana, estéril e a da vida para a arte, fecunda e duradoura.

1ª frase: "Je" é sujeito do verbo, mas este, "se coucher", pelo seu próprio sentido literal, sugere a idéia de passividade.

2ª frase: o "eu" não é sujeito. Este é representado pela sinédoque "mes yeux" na primeira oração, e "je" é sujeito de um verbo negativo "Je n'avais pas le temps", o que indica não ação. Em "Je m'endors" não precisamos levar em conta o sujeito, porque a própria existência da ação é negada anteriormente.

3ª frase: "la pensée qu'il était temps de chercher le sommeil m'éveillait". Nesta frase, o sujeito é "la pensée" e o "eu" torna-se objeto, "me".

4ª Frase: nesta frase temos "Je" como sujeito de verbos não performativos: "Je voulais, je croyais".

5ª frase: nessa letargia aparente, vemos que o "eu" permanece ativo, mas suas ações são as do espírito: "Je n'avais pas cessé en dormant de faire des réflexions [...]"je venais de lire".

6ª frase: a repetição de "réflexions" reforça a importância do espírito e do pensamento e o fato de a palavra ser empregada como sujeito mostra mais uma vez a falta de iniciativa do narrador, o que é reforçado na sétima frase

7ª frase: "il me semblait que j'étais moi-même [...]", em que temos um verbo impessoal, "il me semblait", que sugere a incapacidade de agir do sujeito.

8ª Frase: o sujeito "cette croyance" é uma nominalização que evita o emprego do sujeito "Je" e ao mesmo tempo mostra a sobrevivência do pensamento sobre a morte. Por um momento o sono e a vigília, cada um com seu sistema de vida, se encontram dentro do eu. O corpo, representado pela sinédoque "mes yeux", fica imóvel, mas a razão está ativa. Não é a razão consciente mas a sensibilidade que vela, apesar das aparências.

9ª Frase: *Croyance*, representada pela anáfora "elle", é de novo sujeito do verbo ("elle commençait à me devenir intelligible") e o "eu" é o objeto, formalmente. Na realidade, existe uma voz passiva da qual o "eu" é o agente. Prepara-se a inversão das posições que se tornará patente após o complemento adverbial de tempo, "après la métempsycose". A expressão "existence antérieure" indica que uma nova vida está para surgir. Na oração "j'étais libre de m'y appliquer ou non" vemos o sujeito desperto, no sentido próprio e no figurado.

"Je" adquire sua função de agente, ali, e também nas orações que se seguem: "je recouvrais la vue", "j'étais bien étonné". Pela última vez, temos o sujeito anafórico de *croyance*, "elle", para mostrar que a transformação é gradual e não súbita.

10ª frase: nesta frase, o sujeito "Je" é atribuído a dois verbos não performativos, "Je me demandais" e "j'entendais", mas o papel do "eu" é transferido para "le voyageur". O narrador já não se concentra sobre si mesmo; pensa no mundo que o rodeia, no espaço em que se situa. Identifica-se com o viajante. Sabe-se que a imagem do viajante é muito usada na arte para representar o ser humano, pois a vida é comparável a uma longa viagem. E o próprio narrador atribui a Bergotte uma citação de Anaxágoras: "Que se há de fazer, meu caro? Já disse Anaxágoras: a vida é uma viagem"[5]. O apito do trem, no silêncio da noite, marca as distâncias e este espaço que envolve o narrador adquire o sentido da própria vida. O tema da viagem é bastante desenvolvido no romance. Assim, na quarta seqüência do primeiro segmento encontramos uma alusão a esse tema que representa a busca do desconhecido: "comme ceux qui partent en voyage pour voir de leurs yeux une cité désirée et s'imaginent qu'on peut goûter dans la réalité le charme du songe". O sujeito *voyageur* se aplica ao verbo *se hâte*, indicativo de movimento e não mais de estagnação. O anafórico "il" também é sujeito de outro verbo de movimento, *suit*. No último fragmento do texto temos, como sujeito da oração principal, "le petit chemin", mas este o é apenas formalmente, pois o verbo está na voz passiva ("va être gravé") e, portanto, na estrutura profunda, a sua função é a do objeto, passando a função de sujcito a "l'excitation [...]". Esta expressão, que se liga no texto a *souvenir*, conota o papel da sensibilidade, da capacidade de reagir poeticamente às circunstâncias. Nas duas orações encaixadas na oração principal, observamos o verbo *suivre* repetido, mantendo uma relação diferente com "le voyageur", representado anaforicamente por "il" (sujeito), na primeira oração e "le" (objeto) na segunda, e que simbo-

---

5. Idem, *A Prisioneira*, p. 155; RTP, v. III, p. 184.

liza o narrador, como já mencionamos acima. Esta relação *sujeito-objeto* reflete a mesma antítese *passivo-ativo* que se verifica neste segmento e que reflete as atitudes antagônicas do narrador em relação à vida. Na primeira oração, "qu'il suit", a posição de sujeito do verbo *suivre* mostra a dependência do herói em relação ao mundo enquanto na segunda, "qui le suivent encore dans le silence de la nuit", a posição de objeto mostra-o dominando o mundo que se amolda a seus desígnios.

6) A arte – o livro, que se inaugura, é o próprio eu do narrador, a transposição de sua vida através de sua visão. A ênfase dada ao "eu" já foi mencionada anteriormente. É a permanência deste "eu" que será atingida pela obra realizada. Enquanto houver um leitor da *Recherche*, este "eu" viverá, presente, encaixado no fundo deste livro que é seu reflexo. Assim, a fusão do "eu" e do livro, na primeira seqüência é significativa: "Il me semblait que j'étais moi-même ce dont parlait l'ouvrage, une église, un quatuor, la rivalité de François Ier. et de Charles-Quint". No mundo do sonho e do devaneio, envolto em uma penumbra propícia, tudo é simbólico. O romance é sugerido pela cadeia semântica "volume" – *lire* – *ouvrage* – "livre" e, redundantemente, pelos sons que compõem essas palavras; sua estrutura encontra, na igreja e no quarteto, suas imagens mais adequadas. A igreja representa a estrutura do romance e seu caráter espiritual; o quarteto, o valor artístico da obra e a experiência emocional do narrador; a rivalidade entre Francisco I e Carlos V mostra o tema aparente, a pintura da sociedade, pois a *Recherche*, segundo seu autor, pode ser considerada como as "Mémoires de Saint-Simon d'une autre époque", isto é, uma crônica da vida mundana da *belle époque*. A igreja, mais do que qualquer outra coisa, representa o tempo captado e é símbolo perfeito para o romance de Proust, que, como ela, é composto de várias partes elaboradas em épocas diferentes e que perpetua, em sua forma, fatos e seres que já não existem. O narrador, em

O Tempo Redescoberto, explicita os processos que pretende usar na execução de seu livro:

porque esse escritor deveria apresentar as faces opostas, para conferir peso e solidez a seu livro, precisaria, prepará-lo minuciosamente, com constantes reagrupamentos de forças, como em vista de uma ofensiva, suportá-lo como uma fadiga, aceitá-lo como uma norma, construí-lo como uma igreja[6].

O quarteto e a rivalidade indicam os dois caminhos que se abrem para o narrador: a arte cujo apelo, na *Sonata de Vinteuil*, Swann não soube compreender, mas que foi sentido por Marcel quando ouviu o *Septeto* do compositor, e a vida estéril do salões.

Este primeiro parágrafo do segmento inaugural da *Recherche*, o primeiro do romance e a primeira página do livro, funciona como um espelho onde se refletem os temas e a estrutura da obra, sob a forma de idéias não elaboradas que se apresentam ao espírito do narrador sem ordem lógica, no momento do despertar. Mas essa desordem é apenas aparente, pois o autor pretende, por meio das cadeias semânticas e fônicas, dos anagramas, das aliterações e das assonâncias, das repetições, das estruturas sintáticas, mostrar que a obra literária reduz o tempo ao espaço do romance. Sabe que no "silence de la nuit", quando na solidão do quarto, mergulhar nas profundezas "obscures" de seu eu, poderá voltar à vida que parecia irrecuperável. A palavra "retour", preparada pelos anagramas já mencionados, ecoa em "s*ou*s la lampe *étrangère*"; a sonoridade em "ou" repete-se em "p*ou*vait", "*où*", "s*ou*venir", "n*ou*veaux", "inacc*ou*tumé", "s*ou*s", "d*ou*ceur", como um eco que insinua a sua duração. O som [s] que evoca a doçura é repetido em aliteração: "*si*fflement", "di*s*tances", "*s*tat*i*on", "*s*uit", "*s*on", "*s*ouvenir", "ex*c*itation", "ré*c*ente", "*s*ous", "*s*uivent", "*s*ilence", "dou*c*eur".

---

6. Idem, *O Tempo Redescoberto*, p. 240; idem, p. 1033.

O tempo é captado, e a vida no tempo, pela volta ao passado, passa a ser uma vida recriada que ascende à atemporalidade. Este contraste entre a submissão e a emancipação em relação a Kronos é enfatizado, no texto, por outros elementos além da repetição já comentada. Os adjuntos adverbiais de tempo encabeçam as três primeiras orações; a palavra inicial do romance é um adjunto adverbial de tempo, *Longtemps*, assim como o último sintagma de *Le temps retrouvé*, "dans le Temps". Todo o romance se encaixa, portanto, entre dois complementos adverbiais de tempo, como a vida submetida ao tempo. Mas esse tempo com letra maiúscula, que conclui a história da vida do narrador, será subjugado, encaixado no romance. Como o primeiro segmento mostra as duas etapas, observamos que, ao aspecto iterativo dos verbos que compõem o início do segmento (o próprio "Passe composé" de "je me suis couché", adquire, do complemento "Longtemps", um aspecto iterativo): "se fermaient", n'avais", "était", "éveillait", "voulais", "croyais", "n'avais pas cessé" (este "Plus que parfait" insere-se no mesmo aspecto, pois marca apenas a anterioridade da ação), "venais", "avaient pris" ("Plus que parfait", empregado pela mesma razão do anterior), "semblait", "étais", "parlait", "survivait", "choquait", "pesait", "empêchait", "n'était", "commençait", "détachait", "étais", "recouvrais", "étais", "apparaissait", "demandais", "entendais", "décrivait", opõe-se o "Présent" que caracteriza os verbos das orações relativas, encaixadas portanto, da última frase do segmento: "où le voyageur se *hâte* vers la station prochaine, et le petit chemin qu'il *suit va être* gravé dans son souvenir par l'excitation qu'il *doit* à des lieux nouveaux, à des sites inaccoutumés, à la causerie récente et aux adieux sous la lampe étrangère qui le *suivent* encore dans le silence de la nuit, à la douceur prochaine du retour". Assim, de um passado parado e aparentemente morto que o iterativo representa vemos a passagem ao presente e ao futuro (o "Futur proche" *va être* enfatiza esse movimento) da vida permanente.

É uma convicção arraigada de Proust a idéia de que o artista deve renunciar ao mundo para mostrar, depois, a sua concepção desse mundo pela forma duradoura da arte. Falando de Elstir, estende sua reflexão a todos aqueles que sabem que a arte é o único meio de sobrevivência para eles:

> Talvez então vivesse sozinho, não por indiferença mas por amor aos outros, e, como eu renunciara a Gilberta para reaparecer-lhe um dia sob cores mais amáveis, destinava a sua obra a alguns, como um retorno a eles, em que, sem o rever, o amariam, o admirariam, falariam a seu respeito...[7].

A palavra *métempsycose*, bem no centro do texto (167 palavras/ *métempsycose*/ 168 palavras), parece, pela posição e pelo fato de conter, encaixada, a palavra *temps*, ser a palavra-chave. Simboliza não só pela forma, mas também pelo seu próprio conteúdo semântico, a transformação do eu no livro.

No trecho que precede e serve de introdução ao episódio da *madeleine*, o narrador faz alusão a um fenômeno semelhante:

> Acho muito razoável a crença céltica de que as almas daqueles a quem perdemos, se acham cativas nalgum [sic] ser inferior, num animal, um vegetal, uma coisa inanimada, efetivamente perdidas para nós até o dia, que para muitos nunca chega, em que nos sucede passar por perto da árvore, entrar na posse do objeto que lhe serve de prisão. Então elas palpitam, nos chamam, e, logo que as reconhecemos, está quebrado o encanto. Libertadas por nós, venceram a morte e voltam a viver conosco[8].

Este texto guia-nos para a compreensão dos desígnios profundos de Proust: encaixado no romance que é o seu reflexo, o eu do romancista transcende o tempo.

Se considerarmos a definição do encaixe-reflexo feita por Gide que o chama de *mise em abyme*, referindo-se ao elemento central do brasão, veremos que é exatamente esta

---

7. Idem, *À Sombra das Raparigas em Flor*, p. 321; idem, v. I, p. 828.
8. Idem, *No Caminho de Swann*, p. 44-45; idem, p. 44.

a função da primeira seqüência do romance. Situada em uma posição privilegiada, consiste no foco de irradiação do romance, na semente que florescerá na *Recherche*:

> A enfermidade [...] me fora útil (pois se o grão de centeio não morrer depois de semeado, permanecerá único, mas, se morrer, frutificará) talvez me resguardasse da indolência, como esta me preservara da facilidade, mas me consumira as energias, até – verifiquei-o ao deixar de amar Albertina – as da memória. Ora, a recriação, pela memória, das impressões que depois seria mister aprofundar, esclarecer, transformar em equivalentes intelectuais, não seria uma das condições, quase a própria essência da obra de arte tal como há pouco a concebera na biblioteca?[9]

As Fases da Vida

Após o encaixe-reflexo da primeira seqüência que resume todo o romance e, por conseguinte, também, as seqüências que a seguem, no exórdio, o narrador passa a evocar as diferentes épocas de sua existência. Estas sete correspondem às sete partes do romance às quais aludem de uma maneira vaga, não cronológica, imitando o movimento das lembranças soltas na mente do narrador, que não se ligam por um fio lógico, mas se produzem em uma atemporalidade como a do sonho. O processo que Proust emprega para representar a volta das lembranças, e, por conseguinte, do passado, a seu espírito, é a repetição. Cada seqüência retoma as idéias contidas na anterior, mas acrescentando-lhes algo novo e, assim, vão-se delineando os temas constantes do romance. Este processo sugere a estrutura total em que os personagens reaparecem e as situações se repetem, ilustrando as leis que o autor quer demonstrar quanto à psicologia do ser humano e à sua concepção da vida e da arte.

---

9. Idem, *O Tempo Redescoberto*, p. 249; idem, v. III, 1044.

Os dois níveis, o da história e o do discurso, alternam-se e, juntamente com os lugares que serviram de cenário aos episódios marcantes da vida, vemos os elementos que orientarão sua recriação: a sensação, a imaginação, a memória e a inteligência.

O narrador, entre o sono e a vigília, recorda-se, confusamente, de seu passado. Eis o tema desta primeira narrativa que é uma síntese de toda a vida do narrador.

A visão *au raccourci* (abreviada) do primeiro segmento alarga-se em "Combray I" e "Combray II", aprofunda-se em "Um Amor de Swann", para tomar, na terceira parte de *No Caminho de Swann*, o ritmo do desenrolar de uma existência no tempo.

A infância, evocada na segunda seqüência do primeiro segmento, por "les joues pleines et fraîches de l'oreiller" (as bochechas rechonchudas e frescas do travesseiro), é privilegiada pelo narrador. A infância, segundo Blanchot[10], é a fase da fascinação que transforma a visão em um contato à distância, dominando o ser. Aquele que é fascinado não percebe nenhum objeto real, pois o que ele vê pertence ao meio indeterminado e absoluto da fascinação. Assim, o êxtase que o menino experimenta diante das *aubépines* (espinheiros) deve-se, sem dúvida, a esse fenômeno da fascinação. Daí o desejo profundo de voltar, pela memória, a essa fase em que percebeu as coisas e o mundo em toda a sua plenitude. A repetição do som [J], em "j'appuyais tendrement mês joues contre les belles joues de l'oreiller qui, pleines et fraîches, sont comme les joues de notre enfance", evoca "jeune" (jovem) e "jeunesse" (juventude), cuja nostalgia o narrador demonstra neste segmento.

Na evocação do travesseiro aparece já a personalidade sensível e afetiva do narrador-herói que se compraz com a forma redonda evocativa do ventre materno. A infância é o período da vida protegida pela presença constante da mãe

---

10. M. Blanchot, *L'espace littéraire*, p. 24.

que, para o narrador, consiste em uma verdadeira obsessão. A prova disso é a lembrança mais representativa que conserva, o que chama de "o drama do meu deitar"[11], a que alude quando menciona, nesta mesma seqüência, a solidão do doente que precisa continuar sofrendo até o amanhecer. A solidão é um dos temas mais importantes do romance e desenvolve-se desde a infância quando, para a criança, ficar sozinha, no quarto, longe da mãe, representava a própria morte: "Já no meu quarto, tive de fechar todas as saídas, cerrar os postigos, cavar o meu próprio túmulo enquanto virava as cobertas, vestir o sudário de minha camisa de dormir"[12].

Esta solidão cresce com o tempo e, como Swann sofreu por Odette, o narrador sofrerá, longe de Gilberte e de Albertine. Tentará manter a mulher que ama prisioneira como se pudesse, com sua presença, preencher o vazio que resulta da impossibilidade de comunicação.

Na seqüência seguinte, a terceira do segmento, o corte dos cachos de cabelo evoca uma fase mais tardia da infância e, também, pela menção à perseguição do avô, o relacionamento difícil com o próximo.

A quarta seqüência corresponde aos amores do narrador que serão caracterizados pelo subjetivismo. Além do amor, há também uma alusão ao mundo dos desejos e das aspirações do herói que nunca se realizarão da maneira maravilhosa como foram sonhados. São os caminhos ilusórios do esnobismo e da paixão.

A quinta seqüência prende-se mais aos reflexos do discurso já estudados em outro ensaio.

Na sexta seqüência são evocados os quartos que, por extensão, representam todo o passado do narrador. Não há, porém, uma demarcação nítida entre as épocas cuja imagem se prende aos espaços em que se escoaram. Na vertigem provocada pela sonolência, "tudo girava em re-

---

11. M. Proust, *No Caminho de Swann*, p. 45; RTP, v. I, p. 44.
12. Idem, p. 31; idem, p. 28.

dor de mim no escuro, as coisas, os países, os anos[13]". A impossibilidade de localizar claramente as lembranças, que a imagem do turbilhão sugere, é indicada pela repetição de palavras e de sons: "immobilité", "tout tournait autour" (tudo girava ao redor), "tourbillonnaient dans les ténèbres" (redemoinhavam nas trevas).

Na sétima seqüência, o quarto de Tansonville alude à fase mais tardia em relação à vida mundana. Corresponde à visita à propriedade campestre, que Gilberte herdou de seu pai, em *O Tempo Redescoberto*, quando o herói contempla, desiludido, a natureza que lhe pareceu outrora tão bela, e sente, mais do que nunca, a incapacidade de realizar algo de positivo pela arte. Esta visita do narrador precede justamente o grande final, na "matinée" da princesa de Guermantes, em que descobre sua vocação. Entre as duas épocas, que se justapõem aqui, se escoará a vida do narrador que constitui a matéria do romance.

A oitava seqüência retoma, no mesmo clima de vertigem, ilustrado pela imagem da lanterna mágica, todas as fases da vida passada representadas pelos quartos em que o narrador dormiu, dando-nos de forma redundante a informação, preciosa para a compreensão do romance, de que foi neles, pela imaginação, que a vida foi realmente vivida.

Enfim, a nona seqüência, a última, como *O Tempo Redescoberto*, que é uma exposição direta sobre a arte e a obra, resume o que foi indicado metaforicamente na primeira seqüência. Como para enfatizar este relacionamento, o narrador dirá, no final do romance: "Qual, aliás, dos seres que conhecemos, não nos obrigará, para narrar a amizade que a ele nos uniu, a situá-lo necessariamente em todos os quadrantes de nossa vida?"[14]

Assim, o tema central, o escoar do tempo, fonte de angústia para o narrador, será anulado por sua captação nos espaços em que a vida se realizou.

---

13. Idem, p. 13; idem, p. 6.
14. Idem, *O Tempo Redescoberto*, p. 238; RTP, v. III, p. 1030.

As Forças Geradoras do Discurso

Para traduzir o material acumulado durante toda sua vida em seu equivalente espiritual (o que é, para Proust, o significado primordial da arte), o narrador necessita dos elementos que serão os agentes da criação como ele a concebe.

Entremeados com os episódios relevantes da vida do narrador, estes temas são apresentados na mesma atmosfera vaga que envolve o devaneio no quarto: a sensação, a memória, a imaginação, a introspecção e a inteligência. Já que a obra é a história de uma vocação, os elementos que contribuem para sua existência podem ser chamados de temas, o que não aconteceria normalmente.

A "sensação" é, para Proust, o meio indispensável, a condição primeira de contato com o mundo e, nos epítetos *pleines* e *fraîches* (cheias e frescas) da segunda seqüência (J'appuyais mes joues contre... les joues de notre enfance), "Apoiava brandamente minhas faces contra... as faces da nossa infância" alude ao tato, o primeiro instrumento de percepção do ser humano, pois, já antes de nascer, a criança sente o aconchego do seio materno e, depois, antes de vê-los, é pelo tato que descobre os seres e as coisas que a cercam.

O conhecimento produz-se em duas etapas, como indica o narrador quando ouve a senhora Swann tocar a *Sonata de Vinteuil*:

> Mas muitas vezes não se entende nada, quando é uma música um pouco complicada que ouvimos pela primeira vez. E no entanto, quando mais tarde me tocaram duas ou três vezes aquela mesma Sonata, aconteceu-me conhecê-la perfeitamente. Assim, não está mal dizer-se "ouvir pela primeira vez". Se nada se tivesse distinguido na primeira audição, como se pensava, a segunda e a terceira seriam outras tantas primeiras, e não haveria razão para que se compreendesse alguma coisa mais na décima. Provavelmente o que falta na primeira vez não é a compreensão, mas a memória[15].

---

15. Idem, *À Sombra das Raparigas em Flor*, p. 81; idem, v. I, p. 529.

A primeira etapa consiste no verdadeiro contato com a realidade e faz-se pelos sentidos. Proust, nesse aspecto, distingue-se de Bergson que prescinde dos sentidos, chegando ao conhecimento apenas pela intuição.

As sensações têm um papel da maior importância na *Recherche*, como atestam os textos capitais do romance: as *aubépines* (sensações visuais e olfativas), a *madeleine* (o bolinho – sensações gustativas e táteis), os campanários de Martinville (sensações visuais), a música de Vinteuil (sensações auditivas) e as imagens que, sobretudo no trecho da infância em Combray, insistem nas sensações gustativas. A fase da infância, rica de sensações, é valorizada justamente porque consiste em uma primeira tomada de contato com a realidade material.

A preocupação com a realidade cotidiana é uma constante do pensamento de Proust e revela-se na justaposição bastante freqüente que faz entre um trecho poético, onde a imaginação desempenha um papel preponderante e, outro, onde o humor lança o leitor, de novo, sobre a terra firme. Assim, depois da audição da *Sonata de Vinteuil*, em casa da senhora de Sainte-Euverte, quando o público (e o leitor) se encontram ainda pairando no ar, o comentário de uma convidada, a condessa de Monteriender, os traz de novo à realidade:

"É prodigioso, nunca vi nada que impressionasse tanto..." Mas um escrúpulo de exatidão obrigou-a a corrigir a primeira assertiva e ela fez esta reserva: "nada que impressionasse tanto...depois das mesas giratórias!"[16]

Também o narrador compara a alegria que sentiu ao conseguir redigir seu primeiro texto literário, a descrição dos campanários de Martinville, ao alívio da galinha que acaba de pôr um ovo[17].

---

16. Idem, *No Caminho de Swann*, p. 293; idem, p. 353.
17. Idem, p. 157; idem, p. 182.

Ainda em outro trecho, e jogando com as sensações olfativas e visuais, o menino Marcel vê os aspargos como uma verdadeira natureza morta, salientando-lhes o colorido e comparando-os a criaturas celestes, para cair, no final da seqüência, em uma evocação prosaica cujo humor se deve ao contraste com o tom elevado:

mas todo o meu encantamento era para os espargos, empapados de ultramar e rosa, e cujo talo, delicadamente estriado de azul e malva, se degrada insensivelmente até a base – ainda suja do solo onde estivera – com irisações que não são da terra. Parecia-me que aqueles matizes celestiais traíam as deliciosas criaturas que se haviam divertido em metamorfosear-se em legumes e que, através do disfarce da sua carne comestível e firme, deixavam transparecer naquelas cores frescas de aurora, naqueles esboços de arco-íris, naquele desmaio de tardes azuis, a mesma preciosa essência que ainda reconhecia quando essas criaturas, durante a noite que se seguia a um jantar em que eu comera espargos, se divertiam nas suas farsas poéticas e grosseiras como uma *féerie* de Shakespeare, em transformar meu vaso noturno em vaso de perfume[18].

Parece-nos que Proust não emprega esse processo apenas por humor, para quebrar a tensão emocional, ou por vaidade, para mostrar como é capaz, pela palavra apenas, de levar-nos ao êxtase ou ao riso. Ele o faz, principalmente, para enfatizar a importância da realidade que atingimos pelas sensações, mas que muitas vezes, por desinteresse, não percebemos. Proust procura, nos dados fornecidos pelos sentidos, a essência do objeto que é o seu equivalente espiritual, a visão do contemplador e que só o artista, pelo estilo, pode traduzir em sons, formas, cores ou palavras. Curtius observa esse aspecto da obra proustiana dizendo:

o estilo de Proust é uma mistura especial de intelectualismo e de impressionismo; entrelaça uma análise sintática levada até à extrema sutileza e uma reprodução aprofundada até às íntimas nuances

18. Idem, p. 107; idem, p. 121.

dos dados sensoriais e psíquicos, mas os dois se realizam num movimento único e são função da mesma energia[19].

A segunda etapa de apreensão do real é constituída pela *memória*. A lembrança permite a verificação de que o conhecimento existe realmente. Para sublinhar a prioridade da sensação, "conditio sine qua non" do conhecimento, o autor prende esta lembrança a uma sensação. Todos os momentos privilegiados da vida do narrador prendem-se a impressões sensoriais, sejam os de emoção estética já mencionados, sejam os da memória involuntária como o da *madeleine*, o da pequena frase de Vinteuil que faz com que Swann se sinta como no tempo em que amava Odette, ou o das impressões que, na *matinée* dos Guermantes, revelam ao narrador o segredo para recuperar o tempo perdido.

A concepção de que o conhecimento se faz em duas etapas, pelo contato direto e pela lembrança, reflete-se na forma do romance em que à vida vivida sucede a vida recriada, em que o leitor, ao terminar a leitura do romance, vai voltar a ele para estabelecer as ligações que a primeira leitura não permitiu. Na *Recherche* temos, ao nível do significado, a história de um ser que não sabe ainda que a vivência é indispensável para o que pretende realizar e busca um sentido para sua existência, mas, ao nível do significante, este sentido já foi encontrado, pois aquele que conta achou, na arte, seu objeto. Portanto, é sintomático o fato de Proust colocar as sensações na segunda seqüência, justamente quando começa a indicar, mais claramente, em que consistirá seu romance. As sensações relacionam-se com a vida, com a experiência, como as lembranças com a obra. Sentir é viver; lembrar é imaginar, é acrescentar à sensação aquilo que Proust chama de "mince liséré spirituel" (fino viés espiritual) que o espírito lhe dá, pois, para ele, só as coisas recriadas pela memória têm força de verdade.

---

19. E. R. Curtius apud L. Spitzer, *Etudes de style*, p. 410.

A memória aparece na quinta seqüência, ligada aos sentidos, e é ela que dá ao narrador a certeza de sua existência. Quando despertava de um sono profundo, símbolo da morte, da anulação total, era pela memória que voltava a viver:

bastava que estivesse a dormir no meu próprio leito e que o sono fosse bastante profundo para relaxar-se a tensão de meu espírito, o qual perdia então a planta do local onde eu adormecera; assim, quando acordava no meio da noite, e, como ignorasse onde me achava no primeiro instante nem mesmo sabia quem era; tinha apenas, na sua singeleza primitiva, o sentimento da existência, tal como pode fremir no fundo de um animal; estava mais desapercebido que o homem das cavernas; mas aí a lembrança – não ainda do local em que me achava, mas de alguns outros que havia habitado e onde poderia estar – vinha a mim como um socorro do alto para me tirar do nada de onde não poderia sair sozinho[20].

Ao sono profundo do esquecimento, que representa o "nada", opõe-se a lembrança salvadora. Em *O Caminho de Guermantes*, onde o narrador retoma a meditação sobre o sono, ele compara o despertar, ajudado pela memória, a uma verdadeira ressurreição:

A ressurreição ao despertar – após esse benéfico aspecto de alienação mental que é o sono – deve assemelhar-se no fundo ao que se passa quando encontramos um nome, um verso, um estribilho esquecido. E a ressurreição da alma após a morte talvez seja concebível como um fenômeno de memória[21].

Como a passagem do *néant* (nada) ao ser se faz pela memória, também, na *Recherche*, a lembrança será o meio de escapar à morte. E a frase que introduz o episódio da *madeleine* parece repetir esta idéia como em um eco distante:

Na verdade, tudo isso estava morto para mim. Morto para sempre? Era possível. Há muito de acaso em tudo isso, e um

---

20. Idem, *No Caminho de Swann*, p. 13; RTP, v. I, p. 5.
21. Idem, *O Caminho de Guermantes*, p. 64; idem, v. II, p. 88.

segundo acaso, o de nossa morte, não nos permite muitas vezes esperar por muito tempo os favores do primeiro[22].

Ao tema do tempo, cuja perda é sugerida pelo sono mas contrariada pelo sonho, vem-se juntar o tema da lembrança. Esta faz surgir o passado, como um turbilhão, em volta do narrador. Sabemos que, no romance, é a memória provocada pela *madeleine* molhada no chá que dá a partida para a narração da vida do narrador que recomeça, alargando o círculo precedente onde o passado se restringia ao quarto e à sala de jantar em Combray.

Depois de ter dito "j'étais plus dénué que l'homme des cavernes" (estava mais desapercebido que o homem das cavernas), o narrador sugere a volta ao mundo civilizado por meio das expressões "lampe à petrole" (lampiões de querosene) "chemise à col rabattu" (camisas de gola virada), que lhe dão a possibilidade concreta de situar-se no tempo e no espaço[23].

Ao despojamento da consciência que desperta opõe-se a experiência que o tempo passado representa. Assim, o eu do narrador se recompõe, como diz no fim da sexta seqüência, por meio das lembranças dos quartos em que dormiu. Quando consegue localizar-se no espaço, adquire a noção de existência. Também é pela espacialização do tempo que realiza sua obra.

Na sexta seqüência, a palavra *mémoire*, repetida, enfatiza o papel dessa faculdade, mas liga-a à sensação como meio de volta ao passado. Não se refere à memória refletida, porém à memória involuntária cujo papel tem muito mais relevância, pois é a chave do "temps perdu": "mon corps /.../ Sa mémoire, la mémoire de ses côtes, de seus genoux, de ses épaules" (Meu corpo/.../ Sua memória, a memória de suas costelas, dos seus joelhos, de suas espáduas)[24].

---

22. Idem, *No Caminho de Swann*, p. 44; idem, v. I, p. 44.
23. Idem, p. 13; idem, p. 6.
24. Idem, ibidem.

O alcance da memória involuntária só será indicado explicitamente em *O Tempo Redescoberto*:

> Mas que um som já ouvido, um olor outrora aspirado o sejam de novo, tanto no presente como no passado, reais sem serem atuais, ideais sem serem abstratos, logo se libera a essência permanente das coisas, ordinariamente escondida, e nosso verdadeiro eu, que parecia morto, por vezes havia muito, desperta, anima-se ao receber o celeste alimento que lhe trazem. Um minuto livre da ordem do tempo recriou em nós, para o podermos sentir, o homem livre da ordem do tempo. E é compreensível que este, na sua alegria, seja confiante, apesar do simples gosto de um bolinho não parecer logicamente encerrar as causas de tal alegria, é compreensível que a palavra "morte" perca para ele a significação; situado fora do tempo, que poderá temer do porvir?[25]

O papel preponderante da memória é o de introduzir o passado, sem modificá-lo, dentro do presente, suprimindo assim "cette grande dimension du Temps suivant laquelle la vie se réalise" (uma grande dimensão do Tempo, a que permite à vida realizar-se)[26]. A memória involuntária encaixa, portanto, o passado no presente, como Proust o faz deliberadamente em seu romance, no qual ao presente do narrador se incorporam as fases de seu passado. O segmento inicial reflete este aspecto, fazendo encaixarem-se, nas noites de insônia, no quarto, as lembranças da vida passada do narrador que lhe povoam a mente.

Mas a memória não é um atributo apenas do autor, ela é indispensável ao bom leitor de Proust que deverá constantemente fazer relacionamentos do texto que lê com outros textos do romance, das impressões que Proust descreve com as suas próprias e, enfim, no entrecruzamento das subordinadas e dos parênteses que constituem a frase proustiana, conservar o fio condutor. Como observa Spitzer, o escritor atribui uma grande importância à memória. Assim, constrói frases que exigem um grande

---

25. Idem, *O Tempo Redescoberto*, p. 125; RTP, v. III, p. 872-873.
26. Idem, p. 239; idem, p. 1031.

esforço de memória do leitor; elas dão uma síntese cujos elementos o leitor separará por um longo trabalho de análise. É um processo de linguagem que requer um cicerone (o especialista de estilística), para quem não quiser se perder – um processo de linguagem que corresponde ao mecanismo psíquico em que Proust acredita[27].

O primeiro contato com a realidade faz-se pelos sentidos, mas, sobre esta primeira impressão, a imaginação põe seu reflexo. A sensação serve de ponte entre a realidade e a imagem que dela se forma. A *imaginação* é uma faculdade de suma importância para o artista e, sobretudo, para o narrador que confessa:

> Muitas vezes, no decurso da existência, a realidade me decepcionara porque, ao vislumbrá-la, a minha imaginação, meu único órgão para sentir a beleza, não se lhe podia aplicar, devido à lei inevitável em virtude da qual só é possível imaginar-se o ausente[28].

Quando fala da imaginação, Proust mostra a influência recebida por meio de Baudelaire, dos filósofos alemães e sobretudo de Fichte, que a considera uma faculdade ativa e criadora, capaz de apagar os limites entre o sonho e a realidade e, realmente, de criar o mundo.

É a imaginação a origem das sinestesias que mostram a Baudelaire, em "La chevelure", nos cabelos da mulher amada, "l'azur du ciel immense et rond" e "un port rempli de flammes et de mâts" em "Parfum exotique"[29].

Não só o amor perdido retorna numa sensação auditiva quando Swann, ao ouvir a *Sonata de Vinteuil*, sente de novo a sua presença, mas também uma sensação visual

---

27. L. Spitzer, op. cit., p. 410.
28. Idem, *O Tempo Redescoberto*, p. 124; RTP, v. III, p. 872.
29. Os versos de "La Chevelure" e "Parfum exotique", de Baudelaire, são transcritos na página 159 de *O Tempo Redescoberto*, na língua original. O narrador cita-os na página 920 do volume III da *Recherche*, mas como ele mesmo diz, o faz de memória e se engana substituindo *voiles* do original por *flammes*. As traduções de Ivan Junqueira encontram-se nas páginas 159 e 157 de *As Flores do Mal*.

faz com que o narrador sinta a presença de Albertine ao contemplar num quadro de Carpaccio, em Veneza, um personagem com uma capa igual à que ela usava quando ele a vira pela última vez[30]. O poeta é, segundo Proust, aquele cuja imaginação o faz ver o mundo de uma maneira original, permitindo-lhe estabelecer analogias.

Quando menino, em seus passeios por Guermantes, o narrador se recorda de um nenúfar que levado pela corrente, sempre indo e voltando, lembra-lhe os condenados no inferno de Dante:

aquele nenúfar ao qual a correnteza [....] tão pouco, repouso lhe consentia que, como um barco acionado mecanicamente, só abordava uma das margens para regressar à outra refazendo eternamente a dupla travessia [...] Tal era aquele nenúfar, também semelhante a um desses infelizes cuja singular tortura, que se repete indefinidamente, provocava a curiosidade de Dante [...][31].

Quando ouve o *Septeto de Vinteuil* descreve, como acontece a Swann, ao ouvir a sonata do mesmo autor, a impressão que uma frase musical provoca nele, como se fosse uma mulher, e, de novo, sentimos ali uma reminiscência do poema de Baudelaire, já citado aqui, "A une passante":

uma que vi tornar a passar umas cinco ou seis vezes, sem que eu lhe pudesse distinguir o rosto, mas tão carinhosa, tão diferente – como sem dúvida a frasezinha da sonata para Swann – do que uma mulher alguma vez me tivesse feito desejar, que aquela frase que me oferecia com voz tão amorável uma felicidade que realmente valeria a pena obter, foi talvez – invisível criatura cuja linguagem eu não conhecia mas compreendia tão bem – a única Desconhecida que jamais me tenha sido dado encontrar[32].

---

30. M. Proust, *La fugitive*, RTP, p. 647. Como faltam quatro páginas, inclusive a que se refere a este texto na tradução brasileira, não foi possível citar o texto em português.
31. Idem, *No Caminho de Swann*, p. 146; RTP, v. I, p. 168-169.
32. Idem, *A Prisioneira*, p. 220; idem, v. III, p. 260.

A sonata é branca, o septeto é rubro, a música de Vinteuil é um grande afresco musical como o de Miguel Ângelo na Capela Sistina.

Quando o leitor acompanha, com o pequeno Marcel, as projeções da lanterna mágica, assiste, em um encaixe, à dramatização da imaginação. Como a lanterna mágica transforma as paredes do quarto em vitrais vacilantes onde as velhas lendas fazem suas aparições multicores, assim a imaginação opera sobre o real. E a realidade torna-se um caleidoscópio que obedece às operações do manipulador. O papel da maçaneta, servindo de corpo astral a Golo[33], é simbólico, e o fato de a lanterna parar sobre a maçaneta e projetar nela a imagem do personagem persiste sobre a imaginação, que é a base da criação do artista e o meio pelo qual se encontra com os outros seres.

Na quarta seqüência, o papel da imaginação é enfatizado quando o narrador menciona a força das sensações que experimentara sonhando com uma mulher.

A imaginação é o agente transformador dos seres, produzindo a cristalização que se verifica no amor:

> Se eu me interessara tanto pelos sonhos não será porque, compensando pela potência a brevidade, eles nos auxiliam a melhor perceber o que há de subjetivo, por exemplo no amor? E o conseguem pelo simples fato de – com rapidez prodigiosa – realizarem o que vulgarmente se chamaria ficar louco por uma mulher, fazendo-nos, durante alguns poucos minutos, amar apaixonadamente uma feia, o que na vida real exigiria anos de hábito, de ligação, e – caso as houvesse inventado algum médico milagroso, – injeções intravenosas de amor e portanto de sofrimento[34].

É também esta faculdade que, enfeitando demasiadamente o futuro desconhecido, provoca a desilusão: "encontrá-la, tal como os que empreendem uma viagem

---

33. Idem, *No Caminho de Swann*, p. 16; idem, v. I, p. 10.
34. Idem, *O Tempo Redescoberto*, p. 153; idem, v. III, p. 911.

para ver com os próprios olhos uma desejada cidade e imaginam que se pode gozar, numa coisa real, o encanto da coisa sonhada"[35].

Na frase acima, pertencente à quarta seqüência do prólogo, a palavra *songe* é sinônimo de *rêverie*. Como se pode observar, todo o segmento inicial do romance, composto de nove seqüências, desenrola-se sob o signo da imaginação que o devaneio representa. Bachelard mostra a diferença entre o sonho e o devaneio dizendo que

se pode confundir o devaneio com o sonho. Mas quando se trata de um devaneio poético que se compraz não somente por si mesmo mas prepara, para outras almas, prazeres poéticos, sabe-se que não se está mais na vertente das sonolências. O espírito pode fazer uma pausa, mas no devaneio poético a alma está desperta, sem tensões, tranqüila e ativa[36].

Era "dans ces longues rêveries qui suivaient mon réveil" (nas longas cismas que se seguiam ao despertar) (oitava seqüência), quando a imaginação se mostrava mais aguçada, que o narrador revia todos os quartos em que dormira em sua vida. O verbo *rêver* insiste no poder da imaginação que faz com que Marcel assista, como em um filme, ao desenrolar de sua vida, mas de uma forma compacta e vertiginosa. A imaginação só consegue visualizar espacializando. Situa os personagens e os acontecimentos no espaço para então situá-los no tempo. Alia-se à memória para evocar não apenas os espaços em que o herói viveu, porém aqueles em que sonhou com o mundo e o viu à sua maneira. A decepção que experimentou já está indicada na frase mencionada anteriormente. Com o passar do tempo, os erros e as distorções, devidos à imaginação, são reconhecidos: "Convencera-me de que só uma percepção grosseira e viciada coloca tudo no objeto, quando tudo está no espírito"[37].

---

35. Idem, *No Caminho de Swann*, p. 12; idem, v. I, p. 5.
36. G. Bachelard, *La poetique de la rêverie*, p. 56.
37. M. Proust, *O Tempo Redescoberto*, p. 154; RTP, v. III, p. 912.

Então, o narrador de volta ao quarto, símbolo da interiorização, transforma, em valores positivos, o sofrimento e as desilusões da vida e, renunciando a essa vida, ao convívio com os amigos, obtém, pela imaginação e memória, um meio de voltar a eles: sua obra. A *Recherche* simboliza, portanto, uma volta consciente à vida passada que se reveste de doçura ("la douceur prochaine du retour"), porque prefigura as esperanças de permanência: "O homem é a criatura que não pode sair de si, só conhece os outros em si e, dizendo o contrário mente"[38].

Mas o artista consegue, por meio da obra, que é o seu reflexo, transmitir aos outros sua visão do mundo, realizando assim a "communion de paix" (comunhão de paz)[39].

A arte consiste em um trabalho consciente. Da penumbra do inconsciente, descendo ao mais profundo do eu, o artista tira, por meio da inteligência, aquele material informe, que gira vertiginosamente, e lhe dá uma forma. No texto inaugural, vemos as idéias sob a forma de imagens confusas, ainda não estruturadas. A imagem do turbilhão sugere a incapacidade do narrador de captá-las, dando-lhes uma forma estável. É nesse momento que a inteligência vem desempenhar o seu papel:

> Ora, a recriação, pela memória, das impressões que depois seria mister aprofundar, esclarecer, transformar em equivalentes intelectuais, não seria uma das condições, quase a própria essência da obra de arte tal como há pouco a conceberá na biblioteca? [...][40] era mister tentar interpretar as sensações como signos de outras tantas leis e idéias, procurando pensar, isto é, fazer sair da penumbra o que sentira, convertê-lo em seu equivalente espiritual. Ora, esse meio que se me afigurava o único, que era senão a feitura de uma obra d'arte?[41]

A *inteligência* é representada, na sétima seqüência, pela lâmpada no quarto, "seul phare dans la nuit" (único

---

38. Idem, *A Fugitiva*, p. 26; idem, p. 450.
39. Idem, *No Caminho de Swann*, p. 19; idem, v. I, p. 13.
40. Idem, *O Tempo Redescoberto*, p. 249; idem, v. III, p. 1044.
41. Idem, p. 129; idem, p. 878-879.

farol dentro da noite)[42], que mostra o espírito vigilante, e sua importância é sublinhada, na última seqüência, quando o narrador, totalmente desperto, expõe de uma forma lógica, e não mais repetida e confusa como anteriormente, o objeto de suas meditações, que implica o tema do romance. "Last but not least" (última porém não menos importante), a inteligência é comentada em várias passagens da *Recherche*, onde Proust nos mostra o papel que desempenha:

> A impressão é para o escritor o mesmo que a experimentação para o sábio, com a diferença de ser neste anterior e naquela posterior o trabalho da inteligência. O que não precisamos decifrar, deslindar à nossa custa, o que já antes de nós era claro, não nos pertence. Só vem de nós o que tiramos da obscuridade reinante em nosso íntimo, o que os outros não conhecem[43].

Se a impressão é a única capaz de mostrar a verdade ao artista, é, porém, por meio da inteligência que ele consegue dar forma às imagens, compô-las por meio de uma estrutura sólida e significativa. O segmento inicial mostra como um espelho em miniatura, aquilo que o pensamento de Proust, um dos mais lúcidos do século XX, vai realizar, na *Recherche*: a recriação de sua visão profunda e filosófica dos seres e do mundo por meio de um clima que, pela palavra, estabelece, como a música, a comunicação entre os seres. Dele pode dizer-se como disse Blanchot, do poeta: "Este ponto, a obra de Orfeu não consiste somente em garantir-lhe a abordagem, descendo às profundezas. Seu trabalho é trazê-lo à luz e dar-lhe, à luz do dia, forma, figura e realidade"[44].

---

42. Idem, *No Caminho de Swann*, p. 14; idem, v. I, p. 7.
43. Idem, *O Tempo Redescoberto*, p. 130-131; idem, v. III, p. 880.
44. M. Blanchot, op. cit., p. 178.

BIBLIOGRAFIA

ADAM, Jean Michel. *Linguistique et discours littéraire.* Paris: Larousse, 1976.
AMOSSY, Ruth; ROSEN, Elisheva. La dame aux cattléyas: fonction du pastiche et de la parodie dans "A la recherche du temps perdu". *Littérature 14.* Larousse, 1974, p. 55-64.
BACHELARD, Gaston. *L'intuition de l'instant.* Paris: Gonthier, 1932.
_____. *L'eau et les rêves.* Paris: Corti, 1942.
_____. *La poétique de la rêverie.* Paris: PUF, 1971.
_____. *La poétique de l'espace.* Paris: PUF, 1972.
BALZAC, Honoré de. La peau de chagrin. In: _____. *La comédie humaine.* Paris: Gallimard, 1951. v. 9, p. 11-249.
_____. *Illusions perdues.* Paris: Club des Libraires de France, 1957.
BARTHES, Roland. *Le dégré zéro de l'écriture suivi de Eléments de sémiologie.* Paris: Gonthier, 1964.
_____. Introduction à l'analyses structurale dês récits. *Communication 8.* Paris: Seuil, 1966.
_____. Proust et les noms. In: _____. *To honour Roman Jakobson.* The Hague, Paris: Mouton, 1967. v. 1.
BAUDELAIRE, Charles. *Les fleurs du mal.* Paris: Pierre Corti, 1986.
_____. *As Flores do Mal.* Tradução de Ivan Junqueira, Rio de Janeiro: Nova Fronteira, 1985.
_____. *L'Art romantique.* In:_____. *Oeuvres complètes.* (Bibliothèque de la Pléiade), Paris: Gallimard, 1975, p. 379-616.

BERGSON. Henri. *Essais sur les données immédiates de la conscience.* Paris: Félix Alcan, 1889.
_____. *Le rire, essai sur la signification du comique.* Paris: Alcan, 1900.
BLANCHOT, Maurice. *L'espace littéraire.* Paris: Gallimard, 1955.
_____. *Le livre à venir.* Paris: Gallimard, 1959.
BRÉE, Germaine. *Du temps perdu au temps retrouvé.* Paris: Les Belles Lettres, 1969.
CENTRE CULTUREL DE CÉRISY-LA SALLE. *Entretients sur Marcel Proust.* Paris: The Hague-Mouton et Cie, 1966.
CHATEAUBRIAND, François Auguste René de. *Mémoires d'outre-tombe.* Paris: Gallimard, 1951. 2 v.
CRUZ E SOUZA, João de. *Obras Poéticas I, Broquéis-Faróis.* Rio de Janeiro: Instituto Nacional do Livro, 1945.
CURTIUS, Ernst Robert. Marcel Proust. In: _____. *Marcel Proust y Paul Valéry.* Buenos Aires: Losada, 1941.
DURAND, Gilbert. *Les structures anthropologiques de l'imaginaire.* Paris: Poithiers-Bordas, 1969.
FREUD, Sigmund. *L'interprétation des rêves.* Paris: PUF, 1967.
_____. *Psicanálisis del arte.* Madrid: Alianza Edit, 1973.
GENETTE, Gerard. Frontières du récit. *Communication 8.* Paris: Seuil, 1963.
_____. *Figures.* Paris: Seuil, 1966.
_____. *Figures II.* Paris: Seuil, 1969.
_____. *Figures III.* Paris: Seuil, 1972.
GIDE, André. *Les faux monnayeurs.* Paris: Gallimard, 1925.
_____. *Paludes.* Paris: Gallimard, 1926.
_____. *Le journal des faux monnayeurs.* Paris: Gallimard, 1927.
_____. *Journal 1889-1939.* Paris: Gallimard, 1939. (Bibliothèque de la Pléiade)
GREVISSE, Maurice. *Le bon usage. Grammaire française avec des remarques sur la langue française d'aujourd'hui.* 6. ed., Gembloux: J. Duculot, 1953.
HOMMAGE A MARCEL PROUST I. In: _____. *Les cahiers Marcel Proust I.* Paris: Gallimard, 1927.
IMBS, Paul. *L'emploi des temps verbaux en français moderne; essai de grammaire descriptive.* Paris: Klincksieck, 1960.
JAKOBSON, Roman; LÉVI-STRAUSS, Claude. Les chats de Charles Baudelaire. In: _____. *L'homme* 2(1), Paris, 1962.
_____. *Essais de linguistique générale.* Paris: Edit. de Minuit, 1963.
_____. *Lingüística e Comunicação.* São Paulo: Cultrix, 1970.
KEATS, John. *Poems Published in 1820.* Oxford: Claredon Press, 1948.
LAMARTINE, Alphonse de. *Méditations poétiques*: nouvelles méditations poétiques. Paris: Gallimard, 1981.
LAYTON, Monique J. Deux transformations métaphoriques de Proust. In: _____. *Littérature 14.* Paris: Larousse, 1974, p. 49-54.
LES MILLE et une nuits. Paris: Garnier, [s.d.]. 3 v.
MACKSEY, Richard. The Architecture of Time: dialectics and structure. In: GIRARD, René. *Proust*: a collection of critical essays. Englewood Cliffs: Prentice Hall, 1962.

MAUROIS, André. *A la recherche de Marcel Proust*. Paris: Hachette, 1949.
MICHAUD, Guy. *Message poétique du symbolisme*. Paris: Nizet, 1947.
MILLY, Jean. *Proust et le style*. Paris: Lettres Modernes, 1970.
_____. Sur quelques noms proustiens. *Littérature 14*. Paris: Larousse, 1974, p. 65-82.
_____. *La phrase de Proust*. Paris: Larousse, 1975.
MOUTON, Jean. *Le style de Marcel Proust*. Paris: Corrêa, 1948.
NERVAL, Gérard. *Les filles du feu suivi de Aurélia*. Paris: Gallimard, 1972.
PAINTER, Georges. *Marcel Proust*. Paris: Mercure de France, 1962-1965. 2 v.
PICON, Gaëtan. *Lecture de Proust*. Paris: Mercure de France, 1965.
PLATON. *Oeuvres Complètes*. Paris: Les Belles Lettres, 1957. 10 v.
POE, Edgar Allan. The Fall of the House of Usher. In: _____. *The Complete Tales and Poems of Edgar Allan Poe*. New York: The Modern Library, 1938, p. 231-245.
_____. The Philosophy of Composition. In: _____. *The Complete Tales and Poems of Edgar Allan Poe*. New York: Barnes & Noble, 1992, p. 978-987.
_____. The Poetic Principle. In: _____. *The Complete...* New York: Barnes & Noble, 1992, p. 1022-1040.
POULET, Georges. *L´espace proustien*. Paris: Gallimard, 1963.
PROUST, Marcel. *Les plaisirs et les jours*. Paris: Gallimard, 1919.
_____. *Chroniques*. Paris: Gallimard, 1927.
_____. *Pastiches et mélanges*. Paris: Gallimard, 1947.
_____. *Em Busca do Tempo Perdido*. Porto Alegre: Globo, 1948. 7 v. (*No Caminho de Swann, À Sombra das Raparigas em Flor, O Caminho de Guermantes, Sodoma e Gomorra, A Prisioneira, A Fugitiva, O Tempo Redescoberto*)
_____. *Contre Sainte-Beuve suivi de Nouveaux mélanges*. Paris: Gallimard, 1951.
_____. *Jean Santeuil*. Paris: Gallimard, 1952. 3 v.
_____. *A la recherche du temps perdu*. Paris: Gallimard, Pléiade, 1955-1956. v. 3.
_____. *Contre Sainte-Beuve précédé de Pastiches et mélanges et suivi de Essais et articles et Nouveaux mélanges*. Paris: Gallimard/ Pléiade, 1971.
_____. *L'indifférent*. Paris: Gallimard, 1978.
_____. *O Indiferente*. São Paulo: Escrínio, 1997.
_____. *Os Prazeres e os Dias*. Tradução de Solange Pinheiro e Carlos Felipe Moisés. São Paulo: Códex, 2003.
PROUSTIANA BRASILEIRA. Organizada por Saldanha Coelho. Rio de Janeiro: Revista Branca, 1950.
RAIMOND, Michel. *La crise du roman, des lendemains du Naturalisme aux années 20*. Paris: José Corti, 1966.
RICARDOU, Jean. *Le nouveau roman*. Paris: Seuil, 1963.
_____. *Problèmes du nouveau roman*. Paris: Seuil, 1967.
RICHARD, Jean-Pierre. *Proust et le monde sensible*. Paris: Seuil, 1974.
RIFFATERRE, Michel. *Essais de stylistique structurale*. Paris: Flammarion, 1971.

ROUSSET, Jean. *Forme et signification*. Paris: Corti, 1962.

_____. Problèmes de structure. In: *Entretiens sur Marcel Proust*. Paris: La haye, Mouton & Co, 1966.

SANT'ANNA, Affonso Romano de. A Moreninha. In.____. *Análise Estrutural de Romances Brasileiros*. Petrópolis: Vozes, 1979, p. 96

_____. *Poesia Reunida 1965-1999*. Porto Alegre: L&PM, 2007. 2 v.

SPITZER, Leo. *Etudes de style*. Paris: Gallimard, 1972.

STAROBINSKI, Jean. Le texte dans le texte Extraits inédits des cahiers d'anagrammes de Ferdinand de Saussure. In: _____. *Tel quel*, Paris: Printemps, 1969.

STENDHAL. *De l'amour*. Paris: Cluny, 1938.

_____. *Le rouge et le noir*. Paris: Garnier, 1950.

_____. *O Vermelho e o Negro*. Porto Alegre: L&PM, 2002.

TADIÉ, Jean-Yves. *Proust et le roman*. Paris: Gallimard, 1971.

ULLMAN, Stephen. Style in the French Novel. Cambridge University Press, 1957.

VERLAINE, Paul. *Ouvres complètes*. Paris: Albert Messein, 1930.

VERRIER, Jean. O Relato Refletido. In: BARTHES, Roland et alii. *Masculino, Feminino e Neutro*: ensaios de semiótica narrativa. Porto Alegre: Globo, 1976, p. 33-46.

VERA DE AZAMBUJA HARVEY

Nascida em Porto Alegre, mora no Rio de Janeiro. Formada em Letras Neolatinas pela antiga Universidade do Brasil (atual UFRJ), com especialização em Francês, pela Sorbonne, foi professora adjunta de Língua e Literatura Francesa da Faculdade de Letras da UFRJ, por onde doutorou-se, defendendo a tese *Refúgios e Reflexos na Esfera da Recherche*, sobre Proust. Como tradutora, ganhou prêmio do Instituto Nacional do Livro, por *Morte a Crédito*, de Céline.

CRÍTICA NA PERSPECTIVA

Texto/Contexto I
  Anatol Rosenfeld (D007)
Kafka: Pró e Contra
  Günter Anders (D012)
A Arte no Horizonte do Provável
  Haroldo de Campos (D016)
O Dorso do Tigre
  Benedito Nunes (D017)
Crítica e Verdade
  Roland Barthes (D024)
Signos em Rotação
  Octavio Paz (D048)
As Formas do Falso
  Walnice N. Galvão (D051)
Figuras
  Gérard Genette (D057)
Formalismo e Futurismo
  Krystyna Pomorska (D060)
O Caminho Crítico
  Nothrop Frye (D079)

Falência da Crítica
  Leyla Perrone Moisés (D081)
Os Signos e a Crítica
  Cesare Segre (D083)
Fórmula e Fábula
  Willi Bolle (D086)
As Palavras sob as Palavras
  J. Starobinski (D097)
Metáfora e Montagem
  Modesto Carone Netto (D102)
Repertório
  Michel Butor (D103)
Valise de Cronópio
  Julio Cortázar (D104)
A Metáfora Crítica
  João Alexandre Barbosa (D105)
Ensaios Críticos e Filosóficos
  Ramón Xirau (D107)
Escrito sobre um Corpo
  Severo Sarduy (D122)

O Discurso Engenhoso
   Antonio José Saraiva (D124)
Conjunções e Disjunções
   Octavio Paz (D130)
A Operação do Texto
   Haroldo de Campos (D134)
Poesia-Experiência
   Mario Faustino (D136)
Borges: Uma Poética da Leitura
   Emir Rodriguez Monegal (D140)
As Estruturas e o Tempo
   Cesare Segre (D150)
Cobra de Vidro
   Sergio Buarque de Holanda (D156)
O Realismo Maravilhoso
   Irlemar Chiampi (D160)
Tentativas de Mitologia
   Sergio Buarque de Holanda (D161)
Dos Murais de Portinari aos Espaços de Brasília
   Mário Pedrosa (D170)
O Lírico e o Trágico em Leopardi
   Helena Parente Cunha (D171)
Arte como Medida
   Sheila Leirner (D177)
Poesia com Coisas
   Marta Peixoto (D181)
A Narrativa de Hugo de Carvalho Ramos
   Albertina Vicentini (D196)
As Ilusões da Modernidade
   João Alexandre Barbosa (D198)
Uma Consciência Feminista: Rosário Castellanos
   Beth Miller (D201)
O Heterotexto Pessoano
   José Augusto Seabra (D204)
O Menino na Literatura Brasileira
   Vânia Maria Resende (D207)
Analogia do Dissimilar
   Irene A. Machado (D226)
O Bom Fim do Shtetl: Moacyr Scliar
   Gilda Salem Szklo (D231)
O Bildungsroman Feminino: Quatro Exemplos Brasileiros
   Cristina Ferreira Pinto (D233)
Arte e seu Tempo
   Sheila Leirner (D237)
O Super-Homem de Massa
   Umberto Eco (D238)
Borges e a Cabala
   Saúl Sosnowski (D240)
Metalinguagem & Outras Metas
   Haroldo de Campos (D247)
Ironia e o Irônico
   D. C. Muecke (D250)
Texto/Contexto II
   Anatol Rosenfeld (D254)
Thomas Mann
   Anatol Rosenfeld (D259)
O Golem, Benjamin, Buber e Outro Justos: Judaica I
   Gershom Scholem (D265)

*O Nome de Deus, a Teoria da
Linguagem e Outros Estudos de
Cabala e Mística: Judaica II*
  Gershom Scholem (D266)
O Guardador de Signos
  Rinaldo Gama (D269)
O Mito
  K. K. Rutheven (D270)
O Grau Zero do Escreviver
  José Lino Grünewald (D285)
Literatura e Música
  Solange Ribeiro de Oliveira (D286)
Mimesis
  Erich Auerbach (E002)
Morfologia do Macunaíma
  Haroldo de Campos (E019)
Fernando Pessoa ou o Poetodrama
  José Augusto Seabra (E024)
Uma Poética para Antonio Machado
  Ricardo Gullón (E049)
Poética em Ação
  Roman Jakobson (E092)
Acoplagem no Espaço
  Oswaldino Marques (E110)
Sérgio Milliet, Crítico de Arte
  Lisbeth Rebollo Gonçalves (E132)
Em Espelho Crítico
  Robert Alter (E139)
A Política e o Romance
  Irving Howe (E143)
Crítica Genética e Psicanálise
  Philippe Willemart (E214)

A Morte da Tragédia
  George Steiner (E228)
Tolstói ou Dostoiévski
  George Steiner (E238)
O Prazer do Texto
  Roland Barthes (EL02)
*Ruptura dos Gêneros na Literatura
Latino-americana*
  Haroldo de Campos (EL06)
Projeções: Rússia/Brasil/Itália
  Boris Schnaiderman (EL12)
O Texto Estranho
  Lucrécia D'Aléssio Ferrara (EL18)
Duas Leituras Semióticas
  Eduardo Peñuela Cañizal (EL21)
Oswald Canibal
  Benedito Nunes (EL26)
Mário de Andrade/Borges
  Emir R. Monegal (EL27)
*A Prosa Vanguardista na Literatura
Brasileira: Oswald de Andrade*
  Kenneth D. Jackson (EL29)
Estruturalismo: Russos x Franceses
  N. I. Balachov (EL30)
*Céu Acima – Para um Tombeau de
Haroldo de Campos*
  Leda Tenório da Motta (org.) (S45)
Sombras de Identidade
  Gershon Shaked (LSC)
Tempo de Clima
  Ruy Coelho (LSC)

Impresso em outubro de 2007, em São Paulo,
nas oficinas da Editora e Gráfica Palas Athena,
para a Editora Perspectiva S.A.